A TRANSFORMAÇÃO ÍNTIMA DA MULHER
DO POMPOARISMO À FISIOTERAPIA

Editora Appris Ltda.
1.ª Edição - Copyright© 2025 dos autores
Direitos de Edição Reservados à Editora Appris Ltda.

Nenhuma parte desta obra poderá ser utilizada indevidamente, sem estar de acordo com a Lei nº 9.610/98. Se incorreções forem encontradas, serão de exclusiva responsabilidade de seus organizadores. Foi realizado o Depósito Legal na Fundação Biblioteca Nacional, de acordo com as Leis nos 10.994, de 14/12/2004, e 12.192, de 14/01/2010.

Catalogação na Fonte
Elaborado por: Josefina A. S. Guedes
Bibliotecária CRB 9/870

D357t
2025
	Dell' Antônio, Fabiane
	    A transformação íntima da mulher: do pompoarismo à fisioterapia / Fabiane Dell' Antônio. – 1. ed. – Curitiba: Appris, 2025.
	    143 p. ; il. ; 23 cm.
	
	    Inclui referências.
	    ISBN 978-65-250-7422-1
	
	    1. Pompoarismo. 2. Exercícios sexuais. 3. Fisioterapia. I. Título.
	
	                                                   CDD – 613.96

Editora e Livraria Appris Ltda.
Av. Manoel Ribas, 2265 – Mercês
Curitiba/PR – CEP: 80810-002
Tel. (41) 3156 - 4731
www.editoraappris.com.br

Printed in Brazil
Impresso no Brasil

Fabiane Dell' Antônio

A TRANSFORMAÇÃO ÍNTIMA DA MULHER
DO POMPOARISMO À FISIOTERAPIA

Curitiba, PR
2025

FICHA TÉCNICA

EDITORIAL	Augusto V. de A. Coelho
	Sara C. de Andrade Coelho
COMITÊ EDITORIAL	Marli Caetano
	Andréa Barbosa Gouveia (UFPR)
	Edmeire C. Pereira (UFPR)
	Iraneide da Silva (UFC)
	Jacques de Lima Ferreira (UP)
SUPERVISORA EDITORIAL	Renata C. Lopes
PRODUÇÃO EDITORIAL	Adrielli de Almeida
REVISÃO	Andrea Bassoto Gatto
DIAGRAMAÇÃO	Andrezza Libel
CAPA	Lívia Costa
REVISÃO DE PROVA	Bruna Santos

AGRADECIMENTOS

Agradeço primeiramente a Deus, que me ofereceu, com Sua vasta benevolência, a possibilidade de obter certas informações que agora estou divulgando a outras pessoas, com o objetivo de propagar a saúde, o prazer e o bem maior.

Agradeço aos meus queridos pais. Quão grande é o meu amor, minha admiração e minha gratidão pelos sacrifícios que fizeram para me proporcionar estudos e boas vivências.

Agradeço ao meu falecido marido, Maurício Marcello Viegas. Ao lado dele, compreendi os benefícios de um relacionamento com respeito, amor e admiração.

Agradeço, também, ao casal e donos da empresa Hot Flowers, que acreditaram no meu profissionalismo e que proporcionaram a concretização do meu sonho, a Linha Terapêutica Peridell.

APRESENTAÇÃO

Este livro irá tratar sobre a anatomia íntima da mulher e como algumas alterações anatômicas da região pélvica podem interferir na satisfação sexual e íntima.

Com esta leitura, você saberá a diferença entre prazer e orgasmo, quais atitudes favorecem a saúde íntima e como a mulher poderá melhorar algumas alterações e prevenir outras com exercícios íntimos, a famosa ginástica íntima.

A autora irá diferenciar a Fisioterapia, que atua na área pélvica, da técnica popular do pompoarismo.

O mais extraordinário deste livro é que você irá aprender como melhorar a percepção corporal nos músculos do assoalho pélvico feminino e como a região do períneo poderá ser fortalecida com o uso de acessórios e com as contrações vaginais. Todos os exercícios têm por objetivo que a mulher adquira saúde íntima e, consequentemente, o prazer!

O livro concluía a exposição com algumas orientações de atitudes para que ocorra a transformação íntima na mulher em um sentido global, ou seja, físico e emocional.

Para a mulher melhorar sua sexualidade, não basta fortalecer seus músculos íntimos; também é necessário fortalecer sua autoestima, seu autoconhecimento, suas atitudes e gostos em sua vida íntima.

Afinal, a mulher pode sentir prazer em suas práticas íntimas em qualquer momento de sua vida!

PREFÁCIO

Antes de falar da obra, vejo-me obrigada a apresentar a autora, Fabiane Dell' Antônio: menina que veio do interior de Santa Catarina, literalmente largando uma vida segura para realizar seus sonhos. Sim, sonhos. Fabi, como a chamamos, não é mulher de um sonho apenas. E veio para um centro maior, onde viu e aproveitou as oportunidades de crescer e, principalmente, de aprender mais, e com esse aprendizado, somado à prática de consultório e de professora universitária, ajudar as pessoas (essencialmente as mulheres) a serem livres e felizes em suas vidas conjugal e sexual.

Obstinada, criativa e corajosa (um verdadeiro Professor Pardal na versão feminina), criou vários objetos que auxiliam profissionais da área da Saúde da Mulher (fisioterapeutas pélvicos) a incentivar e a ajudar essa população a sanar suas disfunções, sejam elas sexuais, miccionais ou proctológicas, dores etc.

Caros leitores (parafraseando a autora), não pensem que esta obra é destinada apenas para mulheres. Pelo contrário, deve ser lida e praticada por homens também.

Em que pese o livro focar no desejo, na liberdade e no orgasmo feminino, muitos homens não sabem como reagir diante de uma companheira "travada". Se pensarmos (e devemos) em casais homossexuais, este é o livro de sua vida!

No decorrer e no final do livro, você irá entender alguns conceitos, como a diferença entre prazer e orgasmo, a importância do autoconhecimento e da integridade e saúde dos músculos do assoalho pélvico e a boa mobilidade das articulações da pélvis. E isso é libertador!

Com os conceitos atualizados sobre pompoarismo e alguns exercícios ensinados aqui, tenho certeza de que você conseguirá atingir seu objetivo, seja o prazer ou o orgasmo.

Caso isso não aconteça, siga os conselhos da autora: procure um(a) fisioterapeuta CAPACITADO(A)!

Lembre-se: o autoconhecimento é a chave que leva você ao caminho almejado. Então...

PRAZER em te conhecer!!

Ana Beatriz Tonon Cherem
(in memoriam – *17/09/23*)
Fisioterapeuta, especialista em Saúde da Mulher

SUMÁRIO

INTRODUÇÃO 15
  O que é ginástica íntima (GI)? 17
  A transformação do pompoarismo 18

CAPÍTULO 1
ANATOMIA 19
  1.1 ANATOMIA ÍNTIMA 19
    1.1.1 O períneo 19
    1.1.2 Os Músculos do Assoalho Pélvico (MAP) 20
    1.1.3 A vulva feminina 23
    1.1.4 O clitóris 24
    1.1.5 A vagina 26
    1.1.6 O ponto G 27
  1.2 COMO PREVENIR LESÕES MUSCULARES LOCAIS ... 28
    1.2.1 Conheça seus músculos antes de realizar os exercícios vaginais 30

CAPÍTULO 2
O PRAZER E O ORGASMO 33
  2.1 O PRAZER E O ORGASMO 33
    2.1.1 Classificação do orgasmo 35
    2.1.2 Relação dos músculos íntimos e o orgasmo ... 37
    2.1.3 Fatores que favorecem o orgasmo 37
    2.1.4 Fatores que prejudicam o orgasmo 38

CAPÍTULO 3
O POMPOARISMO 41
  3.1 O POMPOARISMO 41
    3.1.1 O pompoarismo na Tailândia 42
    3.1.2 O pompoarismo no Brasil 44
    3.1.3 Por que as desinformações estão desatualizadas? ... 45
    3.1.4 Indicações do pompoarismo 45

CAPÍTULO 4

AS DESCOBERTAS CIENTÍFICAS E POMPOARISMO 47

4.1 AS DESCOBERTAS CIENTÍFICAS E POMPOARISMO...........................47

4.1.1 Todas as mulheres conseguem contrair corretamente os músculos íntimos? 47

4.1.2 O que fazer se não há músculos saudáveis e boa percepção corporal? ...49

4.1.3 Por que até hoje dizem que existem os três anéis vaginais?.............49

4.1.4 Algumas mudanças que ocorreram nos dias atuais 50

CAPÍTULO 5

A FISIOTERAPIA NA ÁREA PÉLVICA 51

5.1 A FISIOTERAPIA NA ÁREA PÉLVICA 51

5.1.1 Quando preciso de um fisioterapeuta que atua na área pélvica?..........51

5.1.2 As técnicas da fisioterapia na área pélvica 52

5.2 DIFERENÇAS ENTRE FISIOTERAPIA E POMPOARISMO 53

5.2.1 A frequência da realização dos exercícios íntimos......................53

5.2.2 Movimentos de expulsão..53

5.2.3 Anéis vaginais..54

5.2.4 Necessidade de avaliar os músculos íntimos 54

5.2.5 Objetivos da realização dos exercícios................................54

5.3 COMO INICIOU A ATUAÇÃO DA FISIOTERAPIA NA ÁREA PÉLVICA...........55

5.3.1 Recomendações atuais 56

CAPÍTULO 6

PREPARAÇÃO PARA OS EXERCÍCIOS E ACESSÓRIOS........................59

6.1 COMO REALIZAR OS EXERCÍCIOS ÍNTIMOS 59

6.1.1 Frequência dos exercícios 60

6.1.2 Uso de lubrificantes com os acessórios 61

6.1.3 Existe diferença na indicação do uso de lubrificantes para as mulheres? . 61

6.1.4 Posturas para os exercícios íntimos...................................61

6.1.5 Postura mais adequada para iniciantes.................................62

6.2 POSTURAS PARA REALIZAR OS EXERCÍCIOS.............................62

6.2.1 Primeira postura..62

6.2.2 Segunda postura 63

6.2.3 Terceira postura 63

6.2.4 Quarta postura 64

6.2.5 Quinta postura...65

6.2.6 Sexta postura 65

6.3 TESTE PARA SABER COMO SE CONTRAI OS MÚSCULOS LOCAIS............66

6.3.1 O teste................67

6.4 ACESSÓRIOS PARA REALIZAR OS EXERCÍCIOS ÍNTIMOS............68

6.4.1 É obrigatório o uso dos acessórios para fortalecer os músculos íntimos?70

6.4.2 Orientações gerais para o uso de acessórios............70

6.5 INDICAÇÕES SOBRE OS VIBRADORES NA SAÚDE ÍNTIMA............71

6.5.1 Quando posso iniciar o uso do vibrador para fortalecer os músculos vaginais?............72

6.6 QUAL ACESSÓRIO DEVO USAR............73

6.6.1 Como evoluir nos exercícios............73

6.6.2 Por que é muito individual a evolução?............74

CAPÍTULO 7

A PERCEPÇÃO CORPORAL............77

7.1 USO SOMENTE DA VIBRAÇÃO PARA MELHORAR A SENSIBILIDADE............77

7.2 EXERCÍCIO 01 – USO DO VIBRADOR............78

7.2.1 Vibrador no períneo e na vulva – uso externo............78

7.2.2 Dicas de uso do vibrador no períneo e na vulva............79

7.2.3 Vibrador na vagina – uso interno............79

7.2.4 Dicas de uso do vibrador dentro do canal vaginal............81

CAPÍTULO 8

EXERCÍCIOS DE CONTRAÇÕES VAGINAIS............83

8.1 OS EXERCÍCIOS INICIAIS............84

8.1.1 Exercício 02............84

8.1.2 Exercício 03............87

8.1.3 Exercício 04............89

8.2 O QUE FAZER SE NÃO CONSIGO REALIZAR OS EXERCÍCIOS ANTERIORES?...92

8.3 INTRODUÇÃO SOBRE OS EXERCÍCIOS AVANÇADOS............93

8.4 OS EXERCÍCIOS AVANÇADOS............95

8.4.1 Exercício 05............96

8.4.2 Exercício 06............98

8.4.3 Exercício 07............101

CAPÍTULO 9

EXERCÍCIOS COM USO DE ACESSÓRIOS............105

9.1 EXERCÍCIOS COM O USO DOS VIBRADORES (OU DILATADORES)............106

9.1.1 Exercício 08............106

9.1.2 Exercício 09...108

9.2 EXERCÍCIOS COM O USO DE CONES E BOLINHAS...........................111

9.2.1 Indicações sobre o uso de cones e bolinhas...........................112

9.2.2 Como escolher o peso dos acessórios 112

9.2.3 Posturas para a colocação dos acessórios............................114

9.2.4 Posturas para os exercícios com o uso dos pesos 115

9.2.5 Exercícios com contrações vaginais com o uso dos acessórios........115

9.2.6 Exercício 10..116

9.2.7 Exercício 11 118

9.2.8 Exercício 12...120

9.3 COMO EVOLUIR COM O AUMENTO DOS PESOS?..........................123

9.4 CONTRAINDICAÇÕES DO USO DOS ACESSÓRIOS COM PESOS 124

CAPÍTULO 10

AS MANOBRAS BÁSICAS DO POMPOARISMO TRADICIONAL 127

10.1 AS MANOBRAS BÁSICAS DO POMPOARISMO 128

10.1.1 Primeira manobra – Revirginar ou fechamento vaginal.................129

10.1.2 Segunda manobra – Sugar 130

10.1.3 Terceira manobra – Chupitar 131

10.1.4 Quarta manobra – Ordenhar...131

10.1.5 Quinta manobra – Morder 132

10.1.6 Sexta manobra – Guilhotina, pulsar..................................133

10.1.7 Sétima manobra – Agarrar, travar...................................134

10.1.8 Oitava manobra – Expulsar..134

CAPÍTULO 11

A TRANSFORMAÇÃO ÍNTIMA 137

11.1 COMO REALIZAR A TRANSFORMAÇÃO ÍNTIMA 138

BIBLIOGRAFIA CONSULTADA...141

INTRODUÇÃO

Escrevo este livro porque acredito na necessidade e na capacidade de as mulheres se transformarem sexualmente em qualquer momento de suas vidas. E isso só acontecerá quando tiverem informações adequadas para tal mudança. Com base nisso, propus-me a escrever sobre temas que são desconhecidos para muitas pessoas e que, algumas vezes, são divulgados com informações desatualizadas.

Muitas mulheres vivem uma vida íntima repleta de desinformação, com momentos íntimos ruins e, algumas vezes, com desconforto e dor física e emocional. E sabe o que é pior? Elas acreditam que a vida sexual é assim mesmo e não buscam algo melhor.

Diante disso, senti-me impelida a informar que toda mulher, em qualquer idade, pode mudar sua vida íntima, sua sexualidade e, como consequência, sentir satisfação e prazer. A felicidade na vida íntima deve ser uma busca constante em nossas vidas, porque envelhecemos.

Irei relatar o que aprendi sobre o pompoarismo, o papel e a importância da fisioterapia pélvica e os benefícios de exercitar os músculos íntimos para a saúde e o prazer das mulheres.

Ao ler este livro, você conhecerá os benefícios da transformação íntima por meio de alguns exercícios que selecionei por serem eficientes e capazes de lhe ajudar a realizar algumas manobras do pompoarismo tradicional.

Pesquisas nacionais e internacionais mostram que, em média, cerca de 30 a 50% das mulheres não conseguem contrair e relaxar os músculos íntimos adequadamente, e isso pode comprometer a realização correta da ginástica íntima, dos exercícios. Essa dificuldade pode ser ainda maior quando a mulher realiza um curso *on-line* com profissional desqualificado.

Confesso que tive, por muito tempo, preconceito em ensinar o pompoarismo. Acredito que isso aconteceu por ver muitas informações errôneas e muitos profissionais despreparados em fisiologia e anatomia humana falando e ensinando técnicas e exercícios de modo equivocado e desatualizado.

Enfim, rendi-me à necessidade de esclarecer às pessoas o que é adequado e como podemos melhorar a técnica do pompoarismo tradicional, que está desatualizada, e inserir alguns exercícios cientificamente comprovados e muito eficientes para melhorar a saúde dos músculos íntimos: a ginástica íntima atualizada.

As pessoas precisam saber que esses exercícios podem ajudar muitas mulheres, mas não todas. Para a maioria delas, a eficiência dos exercícios está intimamente ligada ao acompanhamento de um profissional capacitado.

> *Estimada leitora, vou iniciar explicando quais são os conceitos que serão abordados com frequência e que a ajudarão a compreender o processo da transformação íntima.*

A sexualidade faz parte da personalidade da mulher, e não é só sexo. Inclui bem-estar, autoestima e autocuidado, e interfere nos relacionamentos em geral.

A saúde sexual, ou íntima, é definida pela Organização Mundial de Saúde (OMS) como um direito de todo ser humano, motivadora de intimidade, de contato e de amor. Ela interfere no modo como sentimos, tocamos e somos tocadas, em nossos pensamentos, sentimentos, ações e interações.

A desigualdade, a pobreza e a falta de acesso à educação são os três fatores sociais determinantes na influência da saúde sexual.

Uma pessoa tem saúde íntima, sexual, quando está satisfeita em sua vida sexual, em sua sexualidade. Por fim, a nossa sexualidade influencia em nossa saúde física e mental.

> *E aí? Você tem uma sexualidade saudável? Está satisfeita com sua vida íntima? Pergunto porque isso interfere em sua saúde sexual.*
> *Neste livro, ensino exercícios e informações para contribuir com a transformação da sua vida íntima e com sua saúde sexual.*

Uma pesquisa realizada em 2004 (Carmita Abdo) mostrou que quando o desempenho sexual do brasileiro estava comprometido havia prejuízo na qualidade de vida e insatisfação em 95% dos pesquisados.

> *A saúde íntima envolve aspectos emocionais e físicos. Como sou fisioterapeuta vou explicar sobre o aspecto físico.*

A mulher tem capacidade de sentir prazer e satisfação sexual enquanto seus Músculos do Assoalho Pélvico (MAP) são saudáveis, com tônus normalizado, elasticidade, força e capacidade de se adaptar ao ato sexual para evitar dor e constrangimento. Desse modo, a mulher sente prazer e/ou orgasmo e isso contribui para que ela tenha desejo sexual (libido), adequada lubrificação vaginal quando estiver excitada e boa sensibilidade local para sentir prazer. Isso tudo favorece o orgasmo.

Mas quando a saúde íntima é alterada ou perdida ela tem alterações em seus músculos íntimos e comprometimento nas sensações de prazer e orgasmo. Com o tempo haverá alterações na lubrificação e no desejo e possivelmente surgirão algumas queixas. Por fim, ela não terá satisfação sexual.

O sexo, quando é praticado com satisfação e regularidade, contribui para a saúde física e emocional, visto que somente quem é saudável realiza práticas sexuais eficientes, com prazer.

> *A proposta deste livro é ajudar na melhoria da sexualidade e da saúde íntima da mulher e do casal.*
> *Isso porque, quando realizamos práticas sexuais prazerosas, mantemos nossa saúde íntima, que promove práticas satisfatórias. Torna-se um ciclo importante em nossa vida íntima.*

A seguir, vamos falar sobre técnicas que podem ajudar na melhora da saúde íntima e da sexualidade. Vamos lá!

O que é ginástica íntima (GI)?

Ginástica íntima é a denominação para os exercícios que realizamos com os músculos íntimos, ou seja, com os Músculos do Assoalho Pélvico (MAP), com o objetivo de melhorar a saúde local, adquirir coordenação e elasticidade nos movimentos, melhorar a sensibilidade e o relaxamento, aumentar a força local e a capacidade de realizar exercícios durante as práticas sexuais, além de, com o tempo, melhorar muito nosso prazer e *performance* sexual.

O pompoarismo tradicional é uma técnica popular e milenar com mais de três mil anos, ou seja, sem comprovação científica. Uma pessoa ensina a outra a realizar os exercícios vaginais e as manobras sexuais e, assim, o conhecimento se dissemina. Surgiu para a mulher realizar manobras durante as práticas sexuais, sentir mais prazer e proporcionar satisfação para sua parceria. Digamos que ela realiza um "*show* na cama".

O pompoarismo e a fisioterapia atingem seus objetivos por meio da ginástica íntima. Cada um de acordo com seus ensinamentos, objetivos e técnicas. Vou mostrar a diferença entre eles neste livro.

A transformação do pompoarismo

O pompoarismo se transformou no decorrer dos anos. Muitas técnicas utilizadas na antiguidade estão desatualizadas e muitos mitos ainda permanecem como reais, dificultando a eficácia da técnica. Em contrapartida, a fisioterapia se aperfeiçoou por meio de exercícios e técnicas eficientes para a melhora das estruturas musculares locais, permitindo maior eficácia no quesito saúde íntima e, como consequência, no prazer e na satisfação. Mas tanto o pompoarismo quanto a fisioterapia devem ser praticados periodicamente para manter os benefícios na saúde e no prazer.

A transformação dos exercícios básicos do pompoarismo tradicional e milenar para uma ginástica íntima assertiva e comprovada cientificamente, como uso de acessórios no momento adequado e da forma indicada, auxiliam na melhora da sensibilidade local, na coordenação, no fortalecimento e no domínio muscular. Como consequência, melhoram a saúde e a satisfação sexual.

Neste livro, você conhecerá os benefícios de manter seus músculos íntimos saudáveis para ter uma vida sexual prazerosa. Esse é um dos caminhos possíveis para transformar você em uma mulher realizada na vida íntima e feliz sexualmente!

Ensinarei 12 exercícios para auxiliar você em sua transformação íntima. Esses exercícios foram elaborados com base em meus conhecimentos como fisioterapeuta pélvica e como profissional que atua em sexualidade para esse fim. Estimada leitora, neste livro, usarei o termo "pompoarismo atualizado" porque, em minha prática, utilizo exercícios que têm eficiência, e não os que são ineficazes no pompoarismo tradicional.

Vamos lá!

Capítulo 1

ANATOMIA

1.1 ANATOMIA ÍNTIMA

Inicio este livro explicando um pouco sobre a anatomia feminina, visto que as mulheres precisam conhecer como são e onde estão posicionados os músculos íntimos do seu corpo, pois eles interferem diretamente na vida sexual.

Abordarei resumidamente os músculos femininos com o objetivo de ajudar no entendimento sobre a atuação deles na sexualidade das mulheres.

É importante saber que ter um conhecimento básico da anatomia íntima, ou seja, conhecer melhor o corpo, saber cada área do períneo e compreender os locais que precisam ser bem estimulados durante as práticas sexuais, vai facilitar o prazer. Saber onde estão os Músculos do Assoalho Pélvico (MAP) é muito importante para aprender a movimentá-los de modo adequado durante a realização dos exercícios íntimos, seja por meio do pompoarismo com ginástica íntima atualizada ou da Fisioterapia.

Estimada leitora, conhecer o seu corpo e sua região íntima ajudará no aprendizado dos exercícios que vou ensinar neste livro e, como consequência, esse conhecimento contribuirá para a sua transformação íntima.

1.1.1 O períneo

O períneo feminino é a região superficial do assoalho pélvico e forma o fundo da pelve. Essa região tem três orifícios, que são a uretra, a vagina e o ânus. Esses são os órgãos sexuais externos. É no períneo que se encontram os Músculos do Assoalho Pélvico (MAP), que estão dispostos em dois níveis: superficial e profundo.

A consciência e o conhecimento do períneo permitem maior controle e domínio dos exercícios que você aprenderá neste livro. Como consequência, você conquistará uma significativa melhora em sua saúde íntima e na satisfação sexual.

1.1.2 Os Músculos do Assoalho Pélvico (MAP)

Ao retirar a pele do períneo visualiza-se o assoalho pélvico, que é formado por músculos, fáscias e ligamentos. Ele tem algumas funções como: sustentar os órgãos pélvicos, manter as continências urinária e fecal, contribuir para a passagem do feto pelo canal vaginal (nas mulheres) e função sexual.

A partir daqui usarei a sigla MAP para me referir aos Músculos do Assoalho Pélvico.

Existem na literatura algumas divergências quanto ao número de camadas (duas ou três) e de músculos que compõem os músculos íntimos.

Neste livro, refiro-me aos MAP como sendo em número de nove. São formados por duas camadas, a superficial e a profunda, e podem ser contraídos de acordo com a percepção e a saúde local. Nos exercícios que ensinarei você aprenderá sobre isso e verá quais são as funções desses músculos nas manobras básicas dessas contrações.

Na camada superficial do assoalho pélvico encontram-se os seguintes músculos:

1. Bulbocavernoso.

2. Isquiocavernoso.

3. Transverso superficial do períneo.

4. Esfíncter anal externo.

Na camada profunda estão os seguintes músculos:

1. Pubococcígeo.

2. Puborretal.

3. Ileococcígeo (este e os dois anteriores são considerados elevadores do ânus).

4. Coccígeo.

5. Uretral externo.

Os músculos isquiocavernosos obstruem a passagem do retorno venoso ao clitóris quando contraídos, o que contribui na turgência do órgão, ou seja, em sua ereção durante a excitação da mulher.

Os MAP, principalmente os músculos pubococcígeo, ileococcígeo, puborretal, bulbocavernoso, transverso do períneo e esfíncter anal externo participam ativamente do ato sexual. Essa participação ocorre durante o orgasmo, com contrações involuntárias, e com mais intensidade durante os exercícios. Também há contrações de modo voluntário na hora do sexo.

Complicados esses nomes? Calma! Escrevi apenas para seu conhecimento, mas, de fato, o que você precisa saber é que não há anéis vaginais.

Os MAP são formados por fibras tipo I (fibras de contração lenta, sustentadas) e fibras tipo II (fibras de contração rápida). Por isso, os exercícios devem ser realizados com contrações diferentes, como sustentadas e mais rápidas. Primeiramente, trabalharemos as fibras tipo II, conhecidas como fásicas, ou fibras de contração rápida, pois são as mais fáceis de aprender. Mas as fibras tipo I, conhecidas como tônicas, ou fibras de contração lenta, também são importantes para o fortalecimento local, pois elas auxiliam na sustentação dos órgãos pélvicos.

O profissional que reabilita esses músculos é o fisioterapeuta com Especialização na Saúde da Mulher, conhecido popularmente como fisioterapeuta pélvico. Inclusive, é esse profissional que ensina, com maior assertividade, os tipos de exercícios que seu corpo necessita mediante uma avaliação prévia dos seus músculos íntimos.

Esse profissional irá determinar o momento certo de trabalhar cada tipo de fibra muscular (fásica e tônica), assim como mudanças na realização e no tempo de relaxar e contrair, e nas variações dos exercícios e das posturas.

Neste livro, ensinarei os exercícios de modo básico para que muitas pessoas consigam realizá-los em seus domicílios, visando à melhoria de acordo com suas possibilidades, pois sei que muitas não terão condições ou disponibilidade de ter um profissional fisioterapeuta para acompanhá-las. Mas acredito que todas as pessoas merecem e podem ter uma vida sexual mais saudável com informações adequadas.

Os MAP são importantes em nossa vida sexual e temos pouca consciência deles durante nossas atividades diárias, afinal, poucas pessoas prestam atenção nessa região no momento da defecação, quando precisam segurar um "pum", quando vão urinar e assim por diante. A saúde desses músculos é vital para a satisfação íntima e conhecê-los é fundamental para adquirir controle sobre eles durante os exercícios que ensinarei neste livro.

Existem alguns fatores que prejudicam os músculos locais e interferem na função sexual, como: gestações, partos, alterações hormonais por causa da menopausa, diminuição da massa muscular, sedentarismo e aumento do peso corporal.

A gestação e o parto vaginal são fatores que estão associados às disfunções e às lesões nos MAP em decorrência de possíveis danos e traumas teciduais na região perineal, resultando em lacerações locais.

A laceração perineal é uma ruptura dos tecidos perineais que pode ocorrer de modo espontâneo ou provocada (num parto vaginal com uso de instrumento, por exemplo).

Muitas mulheres que apresentam essas lesões podem se beneficiar com os exercícios íntimos propostos neste livro. Logo, você irá aprender mais sobre o assunto.
São vários os fatores que podem prejudicar os MAP. Aqui, citarei apenas os principais.

Veja como são seus músculos íntimos na imagem da Figura 1.1

Figura 1.1 – Imagem dos Músculos do Assoalho Pélvico (MAP) feminino

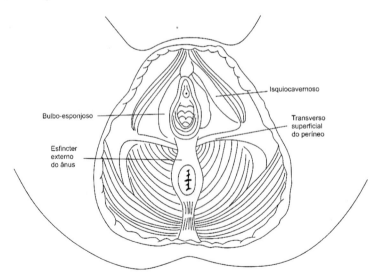

Fonte: Dell' Antônio; Pretti (2021)

Os MAP podem ser contraídos voluntariamente (por vontade própria) durante os exercícios ou de modo involuntário (sem ter vontade) durante o orgasmo.

Na função sexual, os MAP atuam com contrações involuntárias durante o orgasmo, mas quando estão enfraquecidos podem causar uma anestesia vaginal (diminuição da sensibilidade) e anorgasmia (ausência ou retardo do orgasmo após a excitação). Por isso, quando alterados, esses músculos podem interferir negativamente na função sexual da mulher, além de em sua saúde íntima.

Outras queixas que ocorrem quando esses músculos não estão fortes e saudáveis são as dores na região pélvica, prolapsos genitais (queda de órgãos pélvicos, como a "bexiga baixa"), disfunções na micção e na defecação, e disfunções sexuais. Essas situações podem ocorrer por vários fatores e se manifestam em qualquer idade na mulher.

Querida leitora, veja o quanto é importante você ter seus músculos íntimos fortalecidos e saudáveis para transformar sua vida íntima.

1.1.3 A vulva feminina

Sempre recomendo às mulheres que me procuram para tratar alguma disfunção ou que apenas querem melhorar sua vida íntima, que conheçam a sua anatomia íntima com o auxílio de um espelho e, é claro, toquem-se suavemente com os dedos para se autoconhecerem.

É importante aprender que a genitália externa, a vulva, é dividida em monte de vênus, grandes e pequenos lábios, clitóris e vestíbulo da vagina (entrada do canal vaginal).

De todos os órgãos citados, o mais importante para o seu conhecimento é o clitóris, mas os lábios, quando tocados, também oferecem muito prazer.

Veja como é sua vulva na imagem da Figura 1.2.

Figura 1.2 – Imagem da vulva feminina

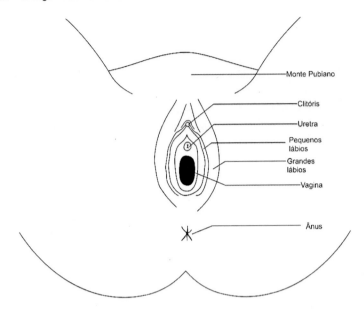

Fonte: Dell' Antônio; Pretti (2021)

1.1.4 O clitóris

O clitóris é um órgão exclusivo da mulher. É chamado na filosofia tântrica de "a joia na coroa". Os toques realizados com delicadeza nessa joia levam a mulher ao orgasmo. O tato correto deve ser do conhecimento da mulher, que por sua vez informará sua parceria sobre o tipo e ritmo de carícia que a agrada.

O gosto dos toques e estímulos no clitóris muda de mulher para mulher. O importante é que sejam prazerosos para facilitar a excitação, por isso precisam ser descobertos e praticados.

O clitóris tem de 2 a 3 cm de comprimento e quando a mulher está excitada ele tem ereção e cresce, chegando até 4 a 5 cm de comprimento, com função somente de excitação sexual feminina.

Ele é formado por tecido erétil que incha e se enche de sangue, tornando-se rígido e aumentando de tamanho quando excitado por meio do toque. Ele pode chegar a até 10 cm de comprimento. Há variação de tamanho de clitóris entre as mulheres e, após a menopausa, ele pode atrofiar, ou seja, diminuir o seu tamanho.

Esse órgão é muito inervado e tem mais de oito mil terminações nervosas. Por isso ele é o local ideal para ser estimulado durante as práticas sexuais para proporcionar prazer à mulher.

Para facilitar o orgasmo no clitóris, é necessário que essa região esteja saudável na inervação e na circulação, pois então aumentará a sensibilidade local e facilitará o orgasmo. Isso porque o corpo do clitóris é formado por músculos que compõem o assoalho pélvico, que são os músculos bulbocavernosos e os isquiocavernosos. Estes últimos cobrem e se inserem nele, e mantendo sua ereção durante a excitação feminina. Se esses músculos estão saudáveis o clitóris fica mais sensível e haverá aumento na intensidade do prazer com estímulos locais.

Algumas mulheres sentem prazer durante a penetração vaginal pelos estímulos que o dorso do pênis, dedos ou objetos fazem no clitóris durante o ato sexual, favorecendo o orgasmo feminino.

A prática de exercícios íntimos com os MAP promove estímulos no clitóris, melhoram a saúde local e contribuem para a excitação da mulher.

E então? Convenceu-se da importância desse botão mágico em seu corpo? Agora, se você é um homem que gosta de estar bem informado, recomendo conhecer e estimulá-lo com muita atenção e carinho.
E você, mulher, aprenda como seu clitóris gosta de ser tocado e acariciado!

Veja como é seu clitóris na imagem da Figura 1.3.

Figura 1.3 – Imagem do clitóris

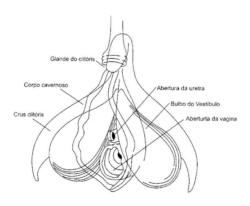

Fonte: Dell' Antônio; Pretti (2021)

1.1.5 A vagina

A vagina é um canal fibromuscular com tamanho médio de 8 a 10 cm de comprimento. Quando excitada e saudável pode chegar até 14 a 16 cm de comprimento. Varia de mulher para mulher.

Ela tem musculatura elástica que permite aumentar o diâmetro para a passagem do feto durante o trabalho de parto, assim como consegue se adequar ao tamanho do pênis durante a penetração. Mas atenção, isso ocorre com maior efetividade quando a mulher está com os MAP saudáveis.

Como já disse, os MAP podem ser contraídos voluntariamente (por vontade própria) durante os exercícios ou de modo involuntário (sem ter vontade) durante o orgasmo. São formados por duas camadas de músculos e não podem ser contraídos separadamente. Além dessas camadas pode haver diferença na contração local devido à força do movimento (mais fraca, média ou forte), ou seja, contrair os músculos com a força de 30%, 70% e 100% da capacidade dos músculos vaginais, por exemplo. Esses fatores podem causar a impressão de que são áreas distintas, mas não são. Isso leva muitos a pensar que a vagina tem anéis, o que não é verdade.

Pesquisas científicas mostram que os lábios vaginais também não podem ser contraídos de modo voluntário durante os exercícios a ponto de interferirem na melhora dos músculos vaginais. Isso é mito!

Veja como é sua vagina na imagem da Figura 1.4.

Figura 1.4 – Imagem do canal vaginal

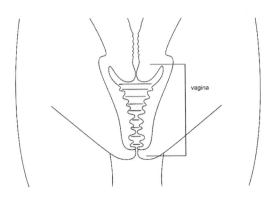

Fonte: Dell' Antônio; Pretti (2021)

1.1.6 O ponto G

O médico alemão Dr. Ernest Grafenberg afirmou que há um ponto com milhares de terminações nervosas na parede superior do canal vaginal que, quando estimulado, aumenta a excitação e o prazer da mulher, e ele o denominou de ponto G.

O ponto G é uma área que está localizada na parede anterior da vagina, no "teto" dela, com a mulher deitada de costas, com profundidade média de 4 cm, com variação entre as mulheres. Em algumas a profundidade pode ser maior, ou seja, de 5 a 6 cm.

A mulher precisa estimular essa região com frequência para que se torne mais sensível à fricção do pênis, dedos ou objetos, favorecendo o orgasmo vaginal.

Atualmente, acredita-se que essa região, ou ponto, faz parte do corpo posterior do clitóris. Sendo assim, contribui imensamente para o prazer feminino quando bem estimulada e com saúde local.

O pompoarismo e os exercícios da fisioterapia pélvica também estimulam a região do ponto G, deixando essa área, de muita inervação, irrigada de sangue e intumescida, favorecendo o prazer e o orgasmo durante as práticas sexuais.

O orgasmo vaginal é favorecido quando ocorrem fricções e estímulos prazerosos no local, isso se os músculos íntimos estiverem saudáveis.

Mas ainda há diferentes opiniões entre os cientistas sobre a existência ou não desse ponto mágico que favorece o prazer feminino.

Veja onde localizar seu ponto G na imagem da Figura 1.5.

Figura 1.5 – Imagem da região onde está localizado o ponto G feminino

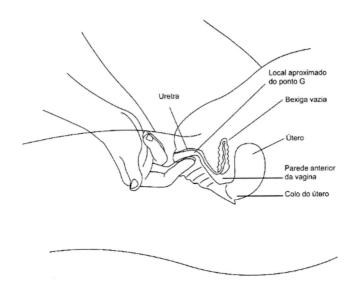

Fonte: Dell' Antônio; Pretti (2021)

1.2 COMO PREVENIR LESÕES MUSCULARES LOCAIS

Para prevenir lesões nos músculos íntimos é preciso que eles estejam saudáveis, tenham adequada elasticidade, capacidade de contração e de relaxamento e um adequado tônus e nutrição local.

Em qualquer atividade esportiva é importante que o atleta, além de treinar a atividade em questão, também faça musculação para manter a musculatura forte e prevenir lesões. Assim também é com o sexo. É preciso manter os MAP fortalecidos para assegurar uma vida sexual saudável e longínqua, sem danos aos músculos, à circulação e à inervação local.

Para prevenir uma lesão muscular, a principal recomendação é ter os músculos locais saudáveis. Um músculo com elasticidade saudável tem boa resistência contra as possíveis lesões que podem ocorrer no dia a dia da mulher e pelas exigências físicas das práticas sexuais.

Assim, é fácil entender como os exercícios íntimos são importantes para a vida sexual da mulher. Esses exercícios podem ser realizados por meio do pompoarismo, da ginástica íntima e da fisioterapia. O importante é que sejam realizados corretamente.

Outro modo de prevenir lesões nos músculos íntimos da mulher, nos MAP, é realizar as atividades sexuais estando excitada e lubrificada para que ocorra um adequado acoplamento do pênis, ou objeto, com distensão muscular saudável da vagina para recebê-lo.

> *Você agora ficou com dúvidas? A vagina se adapta ao tamanho do pênis ou do objeto? A resposta é sim! Mas isso somente ocorre quando os MAP estão saudáveis. Se eles estiverem tensos ou flácidos,* não haverá adequada elasticidade e contratilidade para a adaptação durante o ato sexual.

Quando a mulher está adequadamente excitada, a vagina aumenta de tamanho e largura para receber o pênis, dedos ou objetos, distendendo-se naturalmente. Esses fatores auxiliam na fricção local, nas paredes vaginais, sem provocar lesões. Mas preciso ressaltar que essa elasticidade e essa acomodação da vagina ao ser penetrada ocorrem somente se os músculos locais estiverem saudáveis.

No caso de haver alguma lesão local, como rasgadura muscular ou laceração, os músculos estarão enfraquecidos e danificados, comprometendo a saúde local e as sensações prazerosas na vagina. Como consequência, não haverá a adequada acomodação da vagina durante a penetração e a lubrificação local será prejudicada.

> *Esses nomes podem ser estranhos para você, mas para sua vida sexual essas estruturas são muito importantes!*

Você precisa manter seus músculos fortes e saudáveis para ter uma vida sexual prazerosa. Afinal, existem algumas atividades do seu dia a dia que podem prejudicar e enfraquecer seus músculos íntimos, daí a importância de exercitá-los com frequência.

Alguns exercícios e atividades de impacto, como a corrida, lutas marciais, *jump*, *crossfit* e outras, que exigem esforços abdominais e pélvicos, podem contribuir para o enfraquecimento dos músculos e facilitar o aparecimento de lesões nos músculos íntimos. Esse enfraquecimento também pode ser observado em mulheres que passam anos levantando muito peso ou realizando esforços com o abdômen para a saída das fezes durante a defecação.

> *Não se preocupe. Você pode praticar vários esportes e forçar a saída das fezes (se não houver outra solução para defecar), mas precisa fortalecer os músculos íntimos para mantê-los saudáveis e evitar problemas futuros na região íntima.*

Outro fator que pode enfraquecer os músculos íntimos da mulher é a diminuição do índice de colágeno no organismo. O colágeno é uma proteína que favorece a elasticidade dos tecidos, sendo também responsável pelas lesões musculares quando seu índice corporal está baixo. Portanto, as mulheres precisam cuidar do excesso de peso corporal e se preocuparem com uma dieta alimentar saudável. Devem, também, manter seus níveis hormonais adequados e praticar atividades físicas regularmente, sem excessos.

Agora você já sabe que vários fatores, como o fator envelhecimento e hábitos do seu dia a dia, podem contribuir para o enfraquecimento dos seus músculos íntimos.
Por isso, é muito importante realizar os exercícios íntimos com frequência.

1.2.1 Conheça seus músculos antes de realizar os exercícios vaginais

Recomendo que a mulher realize uma avaliação dos seus músculos íntimos antes de iniciar qualquer exercício para os músculos vaginais. Mas como se faz isso?

A mulher deve agendar uma consulta com um fisioterapeuta com Especialização na Saúde da Mulher, conhecido como especialista na área pélvica.

Essa avaliação é importante porque esse profissional verificará se há lesões musculares e de outras estruturas que interferem na capacidade de contrair e relaxar de modo adequado os músculos do assoalho pélvico. Também identificará como está o tônus muscular e se há tensão ou flacidez vaginal, e se seus músculos íntimos estão saudáveis para a realização dos exercícios que ensinarei neste livro.

Você pode estar se perguntando: o que é tônus? No que isso tudo interfere na realização de exercícios íntimos? Vou explicar para você compreender e fazer o melhor por você.

O músculo é composto por numerosas células chamadas fibras musculares. As fibras musculares esqueléticas são como unidades motoras formadas pelo mesmo tipo histoquímico, compostas por fibras de contração lenta e rápida que compõem o músculo. Já falei delas neste livro.

Em repouso, o músculo permanece em um estado de semicontração ou de tensão, chamado de tônus muscular. Ele pode aumentar (hipertonia) ou diminuir (hipotonia) de modo voluntário ou involuntário.

Na hipertonia muscular encontram-se músculos que não conseguem relaxar totalmente após uma contração. Eles permanecem muito tempo em estado contraído, e quando são exigidos a se movimentarem na contração voluntária, eles não "se lembram" do seu comprimento normal em repouso. Então o seu relaxamento se torna difícil. Dessa forma, eles assumem um novo comprimento de repouso, mais curto e tenso, adquirindo, assim, uma nova memória muscular.

Músculos tensos apresentam circulação diminuída, menor suprimento sanguíneo na região, fraqueza e alterações na sensibilidade local. Sendo assim, nesse caso é contraindicada a realização de alguns tipos de contrações e o uso de acessórios com pesos.

Se você tem músculos tensos terá dificuldades para relaxar os músculos íntimos e sentir seus movimentos, e poderá, também, apresentar queixas de desconforto ou dor durante a penetração vaginal, dificuldade ou impossibilidade de penetração vaginal, sensação de vagina apertada, ardência e fissuras após as práticas sexuais, alteração na lubrificação e dificuldade em sentir orgasmo.

Nos casos de aumento de tônus, não é recomendado iniciar um treinamento para a força muscular e, sim, aprender a relaxar os músculos íntimos. Mas é recomendado procurar um médico ginecologista para um diagnóstico e, posteriormente, um fisioterapeuta pélvico para realizar um tratamento para normalizar esse tônus, ou seja, relaxar os músculos locais.

Somente após a normalização do tônus é que você poderá iniciar um programa de fortalecimento ou realizar as técnicas de pompoarismo e ginástica íntima.

Já na hipotonia, a diminuição do tônus muscular, há a flacidez vaginal. Muitas mulheres se queixam de vagina frouxa, dificuldade em sentir o pênis e estímulos no canal vaginal, gases vaginais, alteração de lubrificação e dificuldade em sentir orgasmo.

De acordo com o grau de flacidez, a mulher terá dificuldades em realizar os exercícios vaginais, e isso vocês aprenderão em breve neste livro.

Percebeu como é importante conhecer seus músculos íntimos para, depois, iniciar um programa de fortalecimento? Muitas mulheres precisam aprender a relaxar para depois fortalecer. Exercícios com o foco no fortalecimento muscular não são indicados para todas as mulheres.

Capítulo 2

O PRAZER E O ORGASMO

2.1 O PRAZER E O ORGASMO

Vamos começar este capítulo falando sobre as diferenças entre prazer, gozo e orgasmo.

Muitas pessoas confundem o prazer com o orgasmo e não sabem que, durante as práticas sexuais, é fundamental primeiro sentir prazer para, posteriormente, atingir o orgasmo. Vou explicar melhor o significado dessas palavras.

O prazer ocorre quando a mulher sente uma sensação prazerosa, seja física e/ou emocional, por estar sendo tocada em todo o corpo e nas áreas erógenas durante uma atividade sexual ou íntima com participação e envolvimento. Não há nenhuma sensação de desconforto ou dor, apenas sensações agradáveis ao sentir o pênis, dedos ou objetos dentro da vagina, bem como o corpo da sua parceria encostado ao seu, os beijos, os cheiros e os toques por todo o corpo e nas áreas erógenas. Esse momento é satisfatório para ela e o faz por vontade própria.

Os profissionais que atuam em sexualidade devem ressaltar a importância de a mulher sentir prazer em todas as suas práticas sexuais. O prazer deve ser o foco. Somente com o tempo, a experiência e com saúde física e emocional é que a mulher sentirá o orgasmo.

Gozar é quando a mulher sente que ejacula, ou seja, sente por um período contínuo um grande prazer e libera um líquido semelhante ao sêmen do homem. Na mulher, esse líquido pode ser levemente adocicado ou inodoro, sai da uretra e é produzido pelas glândulas de Skene, a próstata feminina.

A ejaculação ocorre após a mulher atingir um grau de excitação com sensações de prazer que causam contrações rítmicas dos MAP, que pressionam a uretra e as glândulas locais que, por sua vez, liberam esse líquido com pressão. Desse modo, as glândulas de Skene são estimuladas e liberam a ejaculação para o canal vaginal durante o orgasmo.

Algumas vezes, esse líquido é diluído em algum resquício de urina presente na uretra, por isso pode ter cheiro de urina. A ejaculação feminina também é conhecida como *squirt* ou *squirting*.

Esse líquido ejaculado não tem nenhuma relação com a lubrificação vaginal que ocorre com a excitação da mulher antes do orgasmo e que é produzida pelas glândulas de Bartholin e liberada pelo canal vaginal. A ejaculação, no entanto, acontece no auge da excitação do ato sexual e esse líquido é liberado pelo canal da uretra.

Algumas mulheres podem ter uma quantidade excessiva de lubrificação e de líquido ejaculado, o que pode prejudicar o prazer. Esse excesso atrapalha a sensibilidade na hora de sentir o pênis, dedos ou objetos friccionando as paredes vaginais e a região do ponto G.

Nas mulheres que conseguem ejacular, é possível observar algumas características, como músculos perineais fortalecidos, experiência sexual satisfatória, são emocionalmente relaxadas e descontraídas, donas de si, sentem-se confortáveis com a situação e a parceria, sentem intimidade com a situação e muito prazer.

> *Estimada leitora, a mulher que não ejacula não sente menos prazer do que a que ejacula e também não é considerada menos sexual ou capaz de satisfazer a si e a outro na cama. Ou seja, isso não qualifica ninguém sexualmente.*

O orgasmo ainda é desconhecido por muitas mulheres brasileiras e no mundo todo e é o maior grau de excitação sexual. Surge quando a mulher sente uma sensação extremamente prazerosa logo após o prazer. Com estimulações físicas adequadas e envolvimento emocional desejado e saudável, a mulher tem o orgasmo acompanhado por sensações agradáveis, com anestesias cerebral e física, pois ela pode permanecer alguns segundos (a média é 15 segundos) sentindo um êxtase que lhe impede de pensar e de se mover. Simplesmente, seu corpo faz contrações espasmódicas e rápidas de alguns músculos, juntamente ao aumento do batimento cardíaco e da pressão arterial. Em seguida, inicia-se um relaxamento geral, como se estivesse embriagada, acompanhado de muitas sensações agradáveis.

Muito mais do que apenas prazeroso, o orgasmo tem outras funções igualmente importantes, como o equilíbrio e a revitalização dos sistemas orgânicos, emocionais, afetivos, psíquicos e mentais.

> *Você nunca sentiu orgasmo? Saiba que muitas mulheres também* não.

É difícil sentir o orgasmo com estímulos exclusivos na vagina. Pesquisas indicam que cerca de 30% das mulheres o sentem com frequência, visto que dependem de fatores emocionais e da saúde física. Além disso, a mulher é muito mais emocional do que racional e precisa estar bem com ela mesma e com sua parceria para conseguir o orgasmo. Outro fator que conta é que ela precisa ter os músculos da região do períneo saudáveis, com adequada circulação e inervação local para favorecer o orgasmo.

É mais fácil para as mulheres sentirem orgasmo com a estimulação do clitóris antes da penetração e/ou durante. Pesquisas relatam que, em média, 70% delas sentem orgasmo com frequência quando estimuladas no clitóris.

> *E aí? Você sente prazer? Saiba que, primeiramente, você precisa sentir prazer e satisfação nas práticas sexuais para, posteriormente, sentir o orgasmo.*
> *Você sente orgasmo? Ocorre com frequência ou é difícil? Nunca sentiu?*
> *Cara leitora, com as informações deste livro, a mulher terá mais condições de sentir prazer e orgasmo nas práticas sexuais. Mas, infelizmente, sentir orgasmo não é tão fácil assim, pois depende de vários fatores físicos, emocionais, de relacionamento e outros. Nenhum livro ou exercício por si só pode ajudar todas as mulheres a alcançarem esse objetivo.*

Algumas mulheres sentem leve dor no momento do orgasmo, o que é passageiro e ocorre devido às contrações involuntárias do corpo com compressões dos vasos sanguíneos e diminuição do oxigênio na região pélvica, entre outras causas fisiológicas. Mas isso não prejudica a saúde e o prazer. Para algumas mulheres, esse sintoma desaparece com o fortalecimento dos MAP.

2.1.1 Classificação do orgasmo

O orgasmo pode ser classificado quanto a sua intensidade, variando entre leve, média ou alta, e quanto a sua duração, classificada em curta, média ou longa.

O que favorece um orgasmo para ser mais intenso e longo é o grau de excitação da mulher e o estado saudável dos músculos da região que estão realizando a atividade sexual. Isso vale para o sexo vaginal ou anal.

Por isso, é muito importante que a mulher realize as práticas sexuais excitada, com vontade e com envolvimento, e não apenas para agradar outra pessoa.

Lembre-se: quanto mais saudáveis estiverem os músculos íntimos, mais saudáveis estarão a circulação e a inervação e, assim, a sensibilidade estará adequada para sentir melhor a fricção nas áreas erógenas que favoreçam a excitação e o orgasmo.

Para diagnosticar se há algum transtorno em relação ao orgasmo, é necessário que ocorra demora ou ausência persistente ou recorrente do orgasmo após a mulher ser estimulada adequadamente e estar excitada. Isso em um período maior do que seis meses.

> *Você está com dificuldade de sentir orgasmo por um período maior do que seis meses? Se sim, precisa da ajuda profissional de um médico ginecologista e de um fisioterapeuta pélvico, além de um psicólogo. Com certeza, um deles poderá ajudá-la.*

A dificuldade ou a impossibilidade de sentir orgasmo sinaliza que você precisa de ajuda profissional. Mas cuidado! Estímulos ruins durante as preliminares e o ato sexual em si também dificultam o orgasmo. Não significa, portanto, que mulheres que não sentem orgasmo por serem mal estimuladas tenham problemas, disfunções e transtornos sexuais. O que é necessário, então, é mudar e melhorar os estímulos locais durante a prática sexual.

> *Se isso estiver ocorrendo com você, converse com sua parceria e mudem os hábitos sexuais, caprichando nas preliminares.*
> *Vou ser muito sincera agora: os hábitos sexuais que o casal realizava quando jovens não devem ser os mesmos com o envelhecimento, com a chegada dos filhos, com doenças ou fatores que podem prejudicar a sexualidade do casal e a individual. Então, mudem constantemente!*
> *E aí? Vocês mudaram os hábitos sexuais? Usam a criatividade e caprícham nas preliminares?*
> *Sinceramente, espero que sim!*

2.1.2 Relação dos músculos íntimos e o orgasmo

Uma musculatura íntima saudável permite melhor qualidade na sensibilidade da vagina, do clitóris e do ânus e isso é imprescindível para uma atividade sexual de qualidade e para que a mulher consiga sentir prazer e orgasmo.

O orgasmo feminino pode ser sentido por meio das atividades sexuais de estimulação no clitóris, na vagina e no ânus, assim como em outras áreas erógenas do corpo. Por isso caprichem nas preliminares e estimulem todo o corpo.

Infelizmente, muitas mulheres não conseguem ter orgasmo por falta de conhecimento de sua própria sexualidade e por serem mal estimuladas pela parceria. Fica a dica!

> *Cara leitora, quero enfatizar a importância de você ter músculos íntimos saudáveis para ter satisfação na vida íntima, mas não se iluda com promessas de mudanças rápidas, com medicamentos, aparelhos eletrônicos, cursos presenciais ou on-line com receitas milagrosas. Isso é questão de tempo, mudanças de atitudes e aprendizado; e, o mais importante: de prática correta.*

2.1.3 Fatores que favorecem o orgasmo

Há muitos fatores que interferem no orgasmo, por isso ele não é fácil de sentir e você poderá ter várias práticas sexuais com prazer, mas sem orgasmo.

Alguns fatores que atuam de maneira positiva para o orgasmo.

1. **Músculos do assoalho pélvico fortalecidos**. Quando esses músculos estão saudáveis há adequada circulação e sensibilidade local, principalmente nos músculos que formam o ponto G e o clitóris. Desse modo, a mulher sentirá melhora nos estímulos locais, seus músculos adaptar-se-ão às penetrações e às fricções, favorecendo o prazer e o orgasmo.

2. **Autoestima elevada**. A confiança em si mesma, a aceitação do seu corpo e o gosto pelo sexo favorecem a entrega emocional e física. Como consequência, há mais chances de a mulher estar envolvida na relação, nos estímulos. Tudo isso facilita o prazer e o orgasmo.

3. **Adequada correlação anatômica dos órgãos genitais do homem e da mulher**. Sim, pênis grande com vagina apertada e tensa dificulta o orgasmo vaginal para a mulher, assim como pênis pequeno com vagina grande e flácida.

4. **Bom preparo físico e mobilidade pélvica da mulher**. Isso se refere à necessidade de a mulher ter resistência física e músculos da região pélvica saudáveis, com bom movimento e boa percepção corporal, pois no momento do sexo são necessários movimentos com o quadril para proporcionar ao pênis, dedos ou objetos fricções nas paredes vaginais e na região do ponto G para haver prazer e proporcionar o orgasmo.

5. **Autoconhecimento e diálogo entre o casal**. A mulher que conhece sua região íntima tem maior facilidade em sentir prazer e tem autoestima elevada para falar como gosta de ser estimulada. Isso facilita que ela conduza sua parceria para proporcionar prazer aos dois, facilitando o orgasmo.

2.1.4 Fatores que prejudicam o orgasmo

O orgasmo é difícil para as mulheres que apresentam alterações nas estruturas musculares, principalmente a hipertonia (tônus aumentado). O aumento do tônus acarreta tensão nos músculos vaginais e isso dificulta a extensibilidade vaginal para acomodar adequadamente o pênis, dedos ou objetos, além de haver alterações na sensibilidade local. Nesse caso, muitas mulheres se queixam de sentir desconforto ou dor durante a penetração vaginal, principalmente na entrada do canal vaginal. Algumas até apresentam dificuldade ou impossibilidade de realizar a penetração.

Assim também ocorre com a vagina flácida e frouxa (tônus diminuído, a hipotonia). Nesse caso, as fricções vaginais não são sentidas de forma adequada para proporcionar prazer porque há frouxidão nas paredes vaginais.

Em ambos os casos há alterações de sensibilidade e de percepção local na vagina, dificultando o prazer feminino e, principalmente, o orgasmo.

Mais uma vez, você pode ver o quanto é importante para a mulher ter os músculos íntimos saudáveis.

Devo fingir quando não sinto orgasmo? A resposta é não, não e não!

O orgasmo vaginal não é fácil de ser sentido, mas o importante é não mentir ou fingir que teve, pois, assim, sua parceria acreditará erroneamente que você gosta do que está recebendo e não se esforçará para mudar os estímulos que faz a fim de te proporcionar o orgasmo.

Sua parceria precisa saber se você sente prazer ou não e se houve o orgasmo. Para isso, você não pode fingir. Se você não sentiu o orgasmo e não fingiu, sua parceria perceberá e tentará mudar os estímulos na próxima prática sexual para proporcioná-lo. Com isso, você estará oportunizando mudanças nos estímulos, nas atitudes e nos hábitos sexuais para serem melhores. Fingir o orgasmo só prejudica a vida íntima da mulher e do casal.

Porém, devemos entender bem a palavra orgasmo. A pessoa pode sentir prazer e gozar com a estimulação que recebe, se for uma sensação prazerosa e sem desconforto. O orgasmo é diferente, ou seja, é uma ausência da consciência, um relaxamento total do corpo e da mente, e a mulher só consegue senti-lo se houver prazer durante o ato sexual. Assim, ela pode ou não finalizar a atividade sexual sentindo-o.

A mulher pode realizar várias práticas sexuais prazerosas, não sentir o orgasmo, mas se sentir satisfeita. Quando ela está envolvida fisicamente e emocionalmente e recebe os estímulos adequados, ela sentirá prazer e poderá sentir o orgasmo.

Gosto de expor isso para pararmos com as autocobranças de que precisamos sentir o orgasmo em todas as práticas sexuais. Isso não ocorre com a maioria das mulheres e não podemos focar nisso.

O que importa é sentir prazer e satisfação em todas as práticas sexuais.

Caso a mulher não sinta prazer, e sim desconforto físico ou emocional, será difícil sentir o orgasmo na atividade em questão, e cada vez que houver penetração o inconsciente dela registrará que o sexo não é prazeroso, mas ruim. Isso dificultará sua satisfação sexual, prejudicará o desejo para tal atividade e ainda poderá enfraquecer os MAP com o tempo.

A saúde dos MAP também melhora o orgasmo clitoridiano e vaginal, já que esses músculos formam a base do clitóris e da região do ponto G. Quanto mais fortes e saudáveis estiverem esses músculos, maior será a intensidade e a duração do orgasmo.

Você já concluiu se sente orgasmo? Este livro pode ajudá-la a senti-lo com o tempo e com a prática dos exercícios que são propostos aqui. Mas, por favor, continue lendo para ter o conhecimento necessário de sua sexualidade.

Recomenda-se que as mulheres que têm dificuldade ou que não conseguem sentir o orgasmo com sua parceria iniciem o autotoque. Esse autoconhecimento deve ser saudável, sem culpa e sem exageros, praticado com amor e respeito em um momento de tranquilidade.

ATENÇÃO!
Para muitas pessoas, esse assunto é delicado. Afinal, muitas receberam a informação de que a masturbação não é legal, mas feia e nojenta, e assim por diante. Porém, para uma sexualidade saudável, a masturbação é necessária. Ter prazer sozinha proporciona autoconhecimento, melhora a saúde emocional e física e favorece o orgasmo e a intimidade do casal.

Capítulo 3

O POMPOARISMO

3.1 O POMPOARISMO

O pompoarismo é a realização de exercícios vaginais com a finalidade de fortalecer os músculos locais para a mulher apertar e segurar o pênis durante a relação sexual. Esses exercícios proporcionam o aumento do prazer sexual e trazem benefícios para a saúde da mulher e do homem, com melhora das práticas sexuais do casal.

Simplificando, inicialmente os exercícios vaginais eram realizados com o objetivo de auxiliar a mulher a proporcionar prazer para o homem e, depois, para si mesma mediante manobras sexuais.

Posteriormente, para alguns praticantes, a palavra "pompoar" passou a significar a capacidade de se ter controle mental sobre os músculos perineais com o objetivo de prolongar e intensificar o prazer durante as práticas sexuais, além de beneficiar a saúde sexual.

A princípio, esses exercícios íntimos foram desenvolvidos pelas sacerdotisas, para os rituais de fertilidade, na Índia. Mais tarde, as tailandesas iniciaram-se nas técnicas, com as mães ensinando suas filhas desde pequenas. As gueixas japonesas aperfeiçoaram esse conhecimento, praticando o pompoar com colares e alguns objetos.

Isso tudo há muito tempo. Atualmente, na Tailândia e em outros países, houve muitas mudanças nas práticas do pompoarismo tradicional.

Cara leitora, gosto de diferenciar o pompoarismo tradicional (aquele desenvolvido há mais de 3.000 anos) da ginástica íntima atualizada. Isso porque pesquisas recentes afirmam que alguns dos exercícios ensinados pelo método tradicional não são eficientes para a melhora da saúde íntima: são focados em manobras sexuais, no prazer da mulher e de sua parceria.

Os profissionais precisam se atualizar e usar o pompoarismo com exercícios que apresentam eficiência comprovada por pesquisas científicas. Assim, os resultados serão mais efetivos.

Neste livro, ensinarei exercícios íntimos que apresentam comprovação científica, contribuem na saúde local e ainda favorecem a realização das manobras sexuais.

Senti-me na obrigação de expor as duas técnicas neste livro, a fisioterapia pélvica e o pompoarismo, porque atuo como consultora em uma empresa de produtos sensuais e acompanho muitos profissionais do ramo. Frequentemente, vejo muita desinformação em relação à ginástica íntima. Por isso, senti a necessidade de falar sobre cada área de modo sincero e claro.

3.1.1 O pompoarismo na Tailândia

Em junho de 2019, viajei para a Tailândia e busquei informações sobre as técnicas do pompoarismo. Antes mesmo de ir àquele país, procurei várias agências turísticas e guias em busca de informações sobre cursos de pompoarismo ou que ensinavam os exercícios íntimos e as manobras sexuais. Mas, para minha decepção, não encontrei nada!

Na Tailândia, descobri que o que eu havia aprendido sobre a maravilhosa cultura de mãe ensinar para a filha as contrações vaginais não era verdadeiro, ao menos nesta década. Descobri também que lá as mulheres são tímidas e reservadas e que o município da Bangkok (capital da Tailândia) precisou realizar uma campanha para que as mulheres frequentassem o médico ginecologista. Pasmem! Soube que o município disponibilizou máscaras de papelão para que elas usassem durante a consulta médica para não ficarem com vergonha e poderem fazer os exames preventivos e os tratamentos ginecológicos.

Fiquei decepcionada com essa notícia, pois ia contra tudo o que eu sabia até então sobre aquele país e que eu considerava como avançado sexualmente.

Na Tailândia, visitei casas de "*shows*", ou seja, locais em que as mulheres dançavam nuas e seminuas e realizavam "manobras" vaginais para ganhar dinheiro com os turistas do mundo todo. Esses "*shows*" são chamados de "Ping Pong", e lá eles não conhecem a palavra pompoarismo.

Ali, esses "*shows*" são apresentados todas as noites por mulheres, que são o principal "atrativo" de algumas casas noturnas. Realmente, pude comprovar que elas fazem manobras com os músculos vaginais, mas a maioria dos movimentos realizados são de expulsão.

Presenciei, também que elas realizam os movimentos com muita ajuda dos músculos abdominais e não com a força dos músculos íntimos. Uma decepção para mim. Acreditem!

Entre as manobras que eu presenciei, posso citar:

1. Retirar fio com muitas agulhas de dentro do canal vaginal enquanto a mulher dança nua em um palco. Ela puxou com a mão uma linha que saiu da vagina com várias agulhas presas.

2. Em pé, a mulher expulsou com a vagina bolinhas de pingue-pongue em um recipiente.

3. Agachada, a mulher expeliu um objeto pontiagudo e estourou balões que estavam a uma altura aproximada de 2 metros e à distância de 1,5 a 2 metros.

4. Deitada, a mulher lançou com sua vagina uma bolinha de pingue-pongue a uma distância de mais de 2 metros para uma pessoa rebater com a raquete. Dessa manobra eu participei ativamente e foi surreal!

5. Agachada, a mulher escreveu com sua vagina *Welcome to Bkk*, e eu fui a felizarda que recebeu esse papel. Acho que perceberam a minha empolgação durante o *show*.

6. Em pé, a mulher inseriu dois ovos no canal vaginal, caminhou alguns passos e agachou para expeli-los em um recipiente de vidro. Nenhum dos ovos quebrou durante todos os movimentos corporais e durante a expulsão.

7. A mulher, agachada, apagou velas com movimentos vaginais.

8. Também agachada, a mulher inseriu uma ponta de cigarro na vagina, retirou-o e expeliu a fumaça com seus músculos íntimos. Sim, ela fumou com a vagina!

Foram todos movimentos de expulsar, e a força abdominal e do períneo que realizavam era muito grande.

> *Confesso que só não fui a outras casas noturnas em diferentes cidades da Tailândia porque as casas eram de prostituição. Realmente, foi um esforço que eu e meu falecido marido realizamos em nome da minha profissão ao frequentar esses lugares. Eu precisava saber mais sobre o pompoarismo e as práticas com os músculos íntimos tão divulgadas no mundo.*

Conversei com algumas mulheres tailandesas e elas não sabiam nada sobre o pompoarismo, acessórios e a necessidade de fazer um fortalecimento muscular para a saúde sexual. Inclusive, elas ficavam desconfortáveis ao falar sobre esses assuntos.

Na visita que fiz ao país, concluí que apenas as mulheres que trabalham com prostituição e são escolhidas para fazerem os *shows* de "Ping Pong" exercitam os músculos do assoalho pélvico, com habilidades na expulsão, mas com grande ajuda da região abdominal. Elas não usam cones e bolinhas, como usamos no Brasil e em outros países, para o fortalecimento dos músculos íntimos.

Observei, também, que não há uma cultura de prevenção, de se exercitar os músculos íntimos para ter uma sexualidade saudável e prazerosa, tampouco mães ensinando as filhas. Há apenas manobras para atraírem turistas e serem atraentes durante os programas sexuais.

3.1.2 O pompoarismo no Brasil

No Brasil, o pompoarismo está ganhando cada vez mais praticantes, que buscam o aumento do próprio prazer e o da parceria, melhora do relacionamento, e para se tornarem atraentes sexualmente.

Não existem cursos para capacitar um profissional a ser intitulado especialista em pompoarismo no Brasil ou em qualquer país, nem mesmo na Tailândia. Isso porque a técnica é popular!

O que ocorre atualmente no nosso país é a existência de profissionais que leem sobre o tema, realizam alguns exercícios, sentem os seus benefícios e então começam a ensinar outras mulheres como devem fazer a partir dos livros que leram, baseados em informações, muitas vezes e infelizmente, desatualizadas.

As informações estão desatualizadas porque o pompoarismo tradicional é uma técnica popular que qualquer profissional pode ensinar para outra pessoa. E isso ocorre em muitos países, uma vez que se tornou uma técnica profissional que não exige muitos estudos, tampouco aprofundamento sobre anatomia e fisiologia do corpo humano. Assim, quem pratica e percebe alguns benefícios começa a ensinar com informações desatualizadas.

3.1.3 Por que as desinformações estão desatualizadas?

Em vários livros vendidos no Brasil, o pompoarismo é descrito como sendo a prática dos exercícios fáceis e agradáveis de serem executados, sendo que muitas mulheres nem conseguem contrair e relaxar adequadamente os MAP.

O foco dos livros traduzidos e escritos sobre esse assunto em nosso país, com poucas exceções, não distinguem quem pode ou não usar os acessórios e qual o momento correto para tal uso. Ensinam exercícios iguais para todas as mulheres com promessas falsas de que todas terão benefícios.

> *O que quero deixar muito claro aqui é que o pompoarismo tradicional não beneficiará todas as mulheres e que também há limitações nos benefícios. Se o aprendizado for feito a distância, que é o que vemos muito hoje em dia, pode dificultar ainda mais a correta realização.*
>
> *Os exercícios íntimos devem ser ensinados por um profissional capacitado, com conhecimento em anatomia e fisiologia, com compreensão das limitações do aprendizado e da realização, assim como das necessidades individuais de cada mulher.*

3.1.4 Indicações do pompoarismo

De modo geral, os exercícios íntimos têm efeitos positivos na vida da mulher, como: facilitar o conhecimento da sua intimidade e compreender melhor sua anatomia, seus desejos, suas necessidades, seus limites e suas dificuldades sexuais.

Na prática, percebemos que os homens conhecem melhor sua anatomia do que as mulheres conhecem as delas. Por isso o pompoarismo beneficia as mulheres de modo completo, favorecendo o autoconhecimento e o autoprazer, bem como melhorando a força muscular dos músculos íntimos quando os exercícios são praticados da forma correta.

Entre outras indicações, o pompoarismo com a ginástica íntima, quando praticados de forma correta, atuam no corpo com os seguintes resultados:

- Regulação dos hormônios.
- Melhora da flacidez vaginal.

- Aumento da sensibilidade vaginal e de toda a região do períneo.

- Melhora da recuperação no pós-parto.

- Alívio e diminuição da dor local.

- Prevenção de cirurgias locais.

- Aumento da autoestima e bem-estar.

- Contribuição no aumento do desejo (libido) e orgasmo.

- Melhora dos relacionamentos sexuais e íntimos do casal.

- Proporciona uma vida sexual mais criativa e prazerosa, entre outros benefícios.

> *Cara leitora, exercitar os músculos íntimos adequadamente pode mudar muito a vida sexual devido a vários fatores físicos e emocionais e, como consequência, melhorar o prazer e a satisfação na vida íntima.*

Esses benefícios só serão conquistados se os exercícios íntimos forem realizados adequadamente.

Capítulo 4

AS DESCOBERTAS CIENTÍFICAS E POMPOARISMO

4.1 AS DESCOBERTAS CIENTÍFICAS E POMPOARISMO

Como vimos anteriormente, o pompoarismo surgiu há muito tempo no Oriente e tornou-se uma cultura popular. Na época, após a primeira menstruação as mulheres ensinavam suas filhas a contraírem seus músculos vaginais para a prática sexual na vida conjugal e para manterem seus músculos saudáveis, evitando lesões locais.

Já as mulheres que trabalham com o sexo realizam exercícios para manterem seus músculos íntimos fortalecidos e, assim, tornarem-se "atraentes" sexualmente para os clientes.

No Brasil, assim como em outros países do Ocidente, as mulheres iniciam o aprendizado dos movimentos vaginais na idade adulta, sendo que muitas delas já apresentam danos físicos locais devido aos trabalhos de parto e outras atividades que podem promover lesões locais. Esses fatores podem interferir na qualidade do aprendizado e na prática dos exercícios íntimos.

Assim, não há prevenção de lesões ou garantias de que os músculos íntimos estejam saudáveis, assim como não há certeza de que a maioria das mulheres conseguem, de fato, realizar os exercícios de modo adequado.

4.1.1 Todas as mulheres conseguem contrair corretamente os músculos íntimos?

Pesquisas internacionais e nacionais comprovam que não, pois cerca de 30% a 50% das mulheres apresentam dificuldades ou não conseguem contrair seus músculos vaginais.

> *E agora? Se muitas mulheres não conseguem contrair ou contraem inadequadamente seus músculos vaginais, como farão para melhorar a saúde íntima e o prazer com os exercícios do pompoarismo?*
> *Não há uma resposta comprovada cientificamente sobre qual será o real benefício.*

A conscientização da contração do assoalho pélvico é difícil e a maioria dos autores concorda que muitas mulheres são incapazes de fazê-la espontaneamente, mas um comando verbal correto pode facilitar essa prática.

Alguns autores internacionais da área afirmam que muitas mulheres ativam outros músculos do corpo sem perceberem quando querem exercitar os músculos íntimos; por exemplo, dos glúteos (bumbum), os adutores (região das coxas) e abdômen. Também prendem a respiração durante o exercício ou empurram os músculos íntimos enquanto contraem os MAP de modo errado.

Às vezes, uma explicação de como fazer a contração é o suficiente para que o exercício seja feito corretamente; outras vezes, é necessária alguma forma de estimulação diferenciada, como a vibração ou a eletroestimulação.

Estimada leitora, minha pergunta que não quer calar é: mas será que todos os profissionais que ensinam o pompoarismo e a ginástica íntima conhecem a fundo a anatomia e a fisiologia do corpo humano para orientar adequadamente a realização dos exercícios? Sabem orientar com a explicação necessária?

A realização dos exercícios deste livro se encaixa nesse pensamento, pois é sabido que as mulheres que apresentam algum comprometimento em seus MAP e diminuição da percepção corporal local podem não se beneficiar com eles. Isso ocorre por questões anatômicas e fisiológicas do corpo da mulher.

Muitas mulheres que realizarão sozinhas os exercícios em casa não terão melhoras em suas queixas locais porque seus músculos poderão estar com lesões graves que as impede de realizar os movimentos adequados durante os exercícios. Algumas vezes, elas podem pensar que estão com flacidez quando, na verdade, têm tensão muscular local. Em ambos os casos haverá enfraquecimento dos músculos e, como consequência, elas podem não conseguir contraí-los de modo adequado.

Outras mulheres, no entanto, não apresentam boa coordenação e percepção corporal e quando for necessário contrair os músculos do períneo, acabarão contraindo, sem querer, outros músculos ao mesmo tempo, como os do bumbum, do abdômen e das coxas. Desse modo, haverá dificuldade na melhora dos músculos íntimos e no domínio da percepção local.

O pompoarismo ajuda muito as mulheres que não têm lesões musculares ou disfunções locais e que apresentam boa percepção corporal. Ou seja, ajuda aquelas que, de fato, conseguem contrair e relaxar os MAP, mesmo que inicialmente esses movimentos estejam enfraquecidos.

4.1.2 O que fazer se não há músculos saudáveis e boa percepção corporal?

Para as mulheres que apresentam alguma alteração muscular local, é indicado o acompanhamento de um profissional que realize uma avaliação em seus músculos íntimos para verificar se há lesões e também como elas contraem esses músculos. Com essa avaliação, elas aprenderão a realizar os exercícios de modo adequado e eficiente, e quais suas limitações. Esse profissional é o fisioterapeuta com especialização na área pélvica.

4.1.3 Por que até hoje dizem que existem os três anéis vaginais?

Primeiro, porque o profissional ainda não se atualizou com as pesquisas científicas recentes que comprovam, por meio de exames internos, que a anatomia local da mulher não tem anéis. Segundo, que essa história começou há muito tempo e passou de um profissional para outro por meio de livros e assim por diante. Essa crença ainda está enraizada na história do pompoarismo tradicional e na era do "achismo".

As pessoas confundem muito o fato de podermos contrair os músculos locais em diferentes níveis de força, como citei anteriormente (mais fraca, média ou forte), ou seja, contrair com força de 30%, 70% e 100% da capacidade dos músculos vaginais, por exemplo. Isso pode dar a impressão de que existem áreas distintas, mas não é verdade.

Sugiro que, a partir de hoje, você não fale mais em anéis, mas em graus de contração dos músculos locais. E isso você praticará nos exercícios que ensinarei neste livro.

Com certeza, em breve a ciência comprovará a existência de outras estruturas e fatores envolvidos na saúde sexual que podem até mesmo serem contraditórios ao que acreditamos hoje. Mas isso é ciência, é evolução.

O importante é que o profissional esteja atualizado.

4.1.4 Algumas mudanças que ocorreram nos dias atuais

Médicos e fisioterapeutas mundo afora iniciaram pesquisas sobre a anatomia, fisiologia e biomecânica dos MAP após a divulgação e a inserção dos exercícios vaginais ensinados pelo médico ginecologista Arnold Kegel. Com o tempo, aumentou-se o conhecimento dos profissionais da saúde sobre os resultados positivos desses exercícios na vida sexual e íntima da mulher.

A seguir, vou demonstrar o que mudou após as comprovações científicas em relação às práticas e aos resultados dos exercícios vaginais, que incluem os exercícios de Kegel (ensinados por profissionais da saúde) e o pompoarismo (técnica popular originada no Oriente).

Capítulo 5

A FISIOTERAPIA NA ÁREA PÉLVICA

5.1 A FISIOTERAPIA NA ÁREA PÉLVICA

A fisioterapia pélvica também é conhecida como uma área que atua em uroginecologia, obstetrícia e proctologia. Todas essas denominações ocorrem porque a fisioterapia pélvica atua em distúrbios cinético-funcionais da pelve humana, tanto em homens quanto em mulheres e em crianças.

O fisioterapeuta que atende na área pélvica deve ter uma especialização para saber avaliar, prevenir e tratar disfunções locais, incluindo ossos, articulações, órgãos pélvicos, músculos e fáscias na região do períneo. Essa especialização é reconhecida como Saúde da Mulher, mesmo atuando também na saúde do homem, área mais conhecida como Fisioterapia na Área Pélvica.

5.1.1 Quando preciso de um fisioterapeuta que atua na área pélvica?

O fisioterapeuta que atua na área pélvica será necessário quando uma pessoa apresenta problemas ou quer prevenir que eles ocorram em suas funções urinária, fecal, sexual e obstétrica.

O fisioterapeuta na área pélvica trata dos seguintes problemas:

1. Prolapsos de grau I e II.

2. Distúrbios urinários, como incontinência urinária, vontade urgente de ir ao banheiro, ir ao banheiro várias vezes ao dia, dificuldade em urinar e outros sintomas.

3. Distúrbios anorretais, como a constipação, conhecida como prisão de ventre, dificuldade em relaxar os músculos para defecar, perda de gases ou fezes, fissuras, hemorroidas, entre outros sintomas.

4. Nas disfunções sexuais como vaginismo e vulvodínia (dificuldade ou impossibilidade de penetração vaginal, ardência e dor na região da vulva, períneo e pelve), dificuldade ou ausência

de orgasmo, dor ou desconforto durante ou após o ato sexual, diminuição do desejo e problemas na lubrificação vaginal.

5. Para as grávidas há o preparo para a gestação, os cuidados durante o trabalho de parto e no período do pós-parto e puerpério.

Resumindo, é o fisioterapeuta pélvico que capacitará os músculos íntimos para manter ou melhorar a saúde local e a satisfação na vida sexual.

5.1.2 As técnicas da fisioterapia na área pélvica

As técnicas utilizadas pelos fisioterapeutas que atuam na área pélvica são simples e eficazes e incluem os seguintes recursos:

- **Exercícios vaginais** – Kegel (exercícios de contração e relaxamento dos músculos íntimos), também conhecidos como ginástica íntima.

- **Toque manual** – Com um ou dois dedos se faz alongamento, mobilizações e compressões nos MAP.

- **Eletroterapia** – Inclui aparelhos de eletroestimulação, *biofeedback*, laser e radiofrequência.

- **Cones e bolinhas** – Como os cones e bolinhas da marca Peridell.

- **Massageadores** – Como os massageadores terapêuticos da Linha Peridell, um atua com a vibração e o outro com duas peças para atuar em tecidos locais.

- **Dilatadores vaginais e anais** – Como os dilatadores Peridell.

- **Bolsa térmica** – Como a bolsa anatômica de borracha para o períneo, a Peridell.

- **Outras técnicas** que estimulam a circulação, os tecidos e os músculos na região do períneo e pelve.

> *Agora, chegamos* à *pergunta que não quer calar: existe diferença entre a fisioterapia e o pompoarismo?*
>
> *Sim, existem muitas diferenças que se estabeleceram de acordo com pesquisas científicas realizadas nas áreas* médica e fisioterápica pelo mundo.

A fisioterapia atua de acordo com pesquisas científicas e faz uso de várias modalidades e técnicas para o tratamento e para a prevenção.

O pompoarismo, por outro lado, é uma técnica popular que visa ao prazer sexual por intermédio de exercícios e do uso de alguns acessórios.

A seguir, apresentamos alguns itens importantes que lhe ajudarão a identificar a diferença de cada técnica.

5.2 DIFERENÇAS ENTRE FISIOTERAPIA E POMPOARISMO

A seguir, vou explicar algumas diferenças entre a Fisioterapia, que é um curso de nível superior, baseada em evidências científicas, e o pompoarismo, uma técnica popular.

5.2.1 A frequência da realização dos exercícios íntimos

Em 1948, Arnold Kegel desenvolveu exercícios de contrações íntimas, e posteriormente, na década de 50, passou a recomendá-los às mulheres como uma preparação para o trabalho de parto e para minimizar as perdas urinárias. Na época, a indicação era a realização de até 300 contrações vaginais diárias.

Atualmente, pesquisas indicam que um número menor de repetições pode ter resultados iguais ou mais eficazes. Desse modo, os fisioterapeutas indicam a realização dos exercícios até duas vezes ao dia, com variação de 60 a 200 repetições diárias no máximo.

Alguns profissionais que atuam com o pompoarismo recomendam muitas contrações diárias, chegando, em alguns casos, a ultrapassar o número de 300.

5.2.2 Movimentos de expulsão

A fisioterapia não realiza o movimento de expulsão e, sim, movimentos de contração e relaxamento dos MAP. Isso porque os movimentos de expulsão podem prejudicar e até enfraquecer os músculos e as estruturas moles locais.

Esses profissionais acreditam que o músculo saudável deve ter a capacidade de contrair e relaxar em seu estado normal sem precisar forçar a expulsão.

O pompoarismo ensina os movimentos de contração e expulsão porque os praticantes mais antigos e que atuam em *shows* de "Ping Pong", como presenciei na Tailândia, costumam expulsar bolinhas e objetos com a vagina.

Os mais antigos relatos da técnica citam que a mulher deve sugar e expulsar o pênis do canal vaginal, e essa crença permanece até os dias atuais para os praticantes da técnica tradicional.

5.2.3 Anéis vaginais

A fisioterapia identifica, com base em pesquisas científicas, que há camadas musculares e níveis de força muscular durante os movimentos de contração e relaxamento dos músculos íntimos, e que não há anéis vaginais.

Os profissionais que atuam com o pompoarismo tradicional ainda falam na existência de anéis vaginais porque aprenderam com os relatos antigos da técnica.

5.2.4 Necessidade de avaliar os músculos íntimos

O fisioterapeuta inicia seu trabalho com a avaliação dos músculos íntimos para identificar lesões, capacidade de contração e relaxamento muscular local, além de habilidades, coordenação e percepção. Ensina, ainda, exercícios e modalidades terapêuticas de acordo com a capacidade dos músculos e a saúde local identificados na avaliação.

O profissional que atua com o pompoarismo ensina os mesmos exercícios para todas as mulheres sem avaliar as condições de saúde íntima de cada uma. Essa técnica segue os relatos antigos e acredita que todas as mulheres conseguem realizar os exercícios e os movimentos. Desse modo, esse profissional não se preocupa com o real estado dos músculos.

5.2.5 Objetivos da realização dos exercícios

A fisioterapia visa ao tratamento e à prevenção da saúde muscular local para, consequentemente, haver satisfação na vida íntima e sexual.

O pompoarismo visa ao prazer e ao controle sexual. Atualmente, há alguns profissionais que estão começando a se preocupar com a saúde íntima.

5.3 COMO INICIOU A ATUAÇÃO DA FISIOTERAPIA NA ÁREA PÉLVICA

Tudo começou com um médico ginecologista chamado Arnold Kegel, cujo nome inspirou a denominação de exercícios vaginais como exercícios de Kegel por parte dos médicos e fisioterapeutas.

Em 1948, o ginecologista Arnold Kegel "desenvolveu" alguns exercícios para mulheres que tinham problemas de incontinência urinária. Por meio de pesquisas ele descobriu que o músculo pubococcígeo (na época identificaram esse músculo), quando enfraquecido não funcionava de maneira adequada. Porém exercitando os músculos íntimos o problema físico era resolvido e o potencial para sensações genitais e orgasmo era aumentado.

Os primeiros relatos de exercícios vaginais foram descritos por meio das técnicas de pompoarismo. Posteriormente, o médico Kegel divulgou pelo mundo as contrações vaginais de modo semelhante.

Kegel observou que cerca de 40% das suas pacientes eram incapazes de realizar os exercícios apropriadamente após instruções verbais simples. Ele ainda afirmou que o fato de a mulher não conseguir perceber sua contração de forma satisfatória pode ser um dos motivos para a desmotivação e para o abandono dos exercícios.

Nesses casos, pode ser útil a associação de outras técnicas proprioceptivas, que favoreçam o *feedback* necessário para que essa mulher tenha consciência da função muscular de contrair e relaxar, aprenda a realização correta e realize os exercícios com a frequência necessária.

Com o tempo, diversos médicos, fisioterapeutas, psicólogos e sexólogos disseminaram na mídia mundial a necessidade da realização dos exercícios vaginais para uma vida sexual saudável e feliz. Cada um buscou direcioná-los para sua área de atuação, seu entendimento e sua capacidade de compreender as fisiologias humana e comportamental.

Você deve estar se perguntando se o pompoarismo tradicional é menos eficaz do que a fisioterapia pélvica.
A resposta é sim, porque atua com manobras para a mulher realizar na hora do sexo e alguns exercícios estão desatualizados, além de poderem causar danos à saúde íntima da mulher quando realizado de modo inadequado.

Os exercícios realizados com os músculos íntimos, seja com a fisioterapia ou com o pompoarismo, contribuem para o fortalecimento dos músculos vaginais, previnem a incontinência urinária e a queda de órgãos pélvicos (prolapsos), auxiliam a gestante no parto normal, diminuem os sintomas da TPM (cólicas menstruais) e da menopausa, entre outros benefícios já citados neste livro.

Atualmente, podemos afirmar que a fisioterapia é mais eficiente para a melhora da saúde local porque atua com exercícios comprovados cientificamente e com outras técnicas e modalidades de tratamento nos consultórios, clínicas e em domicílios. Muitos desses profissionais têm cursos de graduação e pós-graduação e estão muito bem preparados para auxiliar a mulher na recuperação e na manutenção da saúde dos MAP.

> *A pergunta básica que faço a você, que quer realizar os exercícios deste livro, ou de outro local de modo on-line, ou presencial, ou, ainda, sozinha em casa é: será que você tem lesões acentuadas em seus músculos íntimos? Você tem certeza de que consegue contrair e relaxar os seus músculos íntimos adequadamente?*

Nos últimos anos, as pesquisas científicas sobre as anatomias pélvica, ginecológica e estruturas musculares evoluíram, mostrando que alguns exercícios, posturas e produtos são mais eficazes do que se acreditava há 20 anos.

5.3.1 Recomendações atuais

A principal recomendação que faço – e que já foi dita anteriormente neste livro – é que antes de realizar qualquer atividade muscular e exercícios nos músculos íntimos, a mulher busque uma avaliação para verificar como eles estão. É importante saber se, de fato, a mulher consegue contrair e relaxar seus músculos íntimos, se há lesões teciduais, flacidez ou tensão, enfim, verificar como está a saúde íntima.

> *É muito importante que essa avaliação seja realizada antes de iniciar um programa de exercícios!*

Já vi muitas mulheres que acreditavam ter a vagina flácida realizarem várias contrações vaginais com exercícios do pompoarismo e, após uma avaliação dos músculos íntimos, descobrirem que apresentavam tensão local, e não flacidez. Como consequência, os exercícios realizados acabaram agravando ainda mais o estado de tensão dos músculos vaginais e piorando os sintomas.

Por isso, é de suma importância que você saiba como estão seus músculos íntimos antes de iniciar o tratamento.

A seguir, você encontra um quadro que simplifica as principais diferenças que atualmente são observadas entre as técnicas de fisioterapia e pompoarismo. Desenvolvi esse recurso visual para facilitar o entendimento e diferenciar a fisioterapia pélvica do pompoarismo, de acordo com minha vivência e experiência profissional.

5.1 Quadro 1 – Diferenças entre fisioterapia pélvica e pompoarismo tradicional

FISIOTERAPIA PÉLVICA	POMPOARISMO TRADICIONAL
Requer avaliação dos músculos íntimos.	Não avalia os músculos locais.
Exercícios comprovados cientificamente.	Não há comprovação científica, segue cultura antiga.
Previne e trata com individualidade.	Não há individualidade, atua no coletivo.
Exercícios de acordo com a necessidade dos músculos íntimos.	Exercícios iguais para todos.
Número menor de séries.	Número maior de séries.
Realiza contração e relaxamento.	Realiza contração e força de expulsão.
Não acredita em anéis vaginais, mas em níveis de força na contração.	Acredita que há três anéis na vagina.

Fonte: Fabiane Dell (2021)

Capítulo 6

PREPARAÇÃO PARA OS EXERCÍCIOS E ACESSÓRIOS

A prática dos exercícios íntimos que você aprenderá neste livro pode ser realizada por mulheres de qualquer idade. Quanto mais cedo iniciar, assim que perceber o aparecimento das queixas sexuais ou de saúde, maiores serão os benefícios e mais rápida será a recuperação.

Você também pode realizar os exercícios sem ter problema algum a ser resolvido, apenas para preveni-los e melhorar sua sexualidade e seu prazer.

Na maioria dos casos, de três a seis meses de prática constante dos exercícios, a mulher sentirá maior força e flexibilidade na musculatura vaginal e maior prazer sexual. Não podemos determinar um tempo exato para colher os resultados, pois isso varia muito de pessoa para pessoa.

Se forem praticados de forma inadequada ou com exagero (de tempo e frequência), os exercícios poderão ocasionar alterações musculares e comprometer a saúde local, além de provocar câimbras, estiramento, contratura, perda de urina ou gases, vaginismo, dificuldade em sentir o orgasmo, entre outras consequências.

Quem não apresenta queixas de saúde ou na área sexual pode realizar os exercícios íntimos para prevenir problemas futuros?
A resposta é sim! E é muito recomendado!

Precisamos manter os músculos de todo o corpo fortalecidos para conquistarmos boa postura, evitar dores musculares e lesões. O mesmo devemos fazer com nossos músculos íntimos, pois ao mantê-los fortalecidos evitamos lesões locais e disfunções sexuais.

A prevenção é sempre o melhor remédio, certo?

6.1 COMO REALIZAR OS EXERCÍCIOS ÍNTIMOS

Caso você realize os exercícios íntimos deste livro sozinha e, após cerca de três meses de realização assídua, não perceber melhora alguma em sua saúde íntima, recomendo buscar ajuda de um profissional capacitado para fazer uma avaliação e um acompanhamento de modo a reformular as atividades a serem praticadas.

Afinal, você pode estar realizando os exercícios de modo errôneo ou pode ter lesões locais que necessitam de tratamentos mais específicos, a serem indicados por um fisioterapeuta especialista.

Antes de começar a fazer os exercícios íntimos, é importante seguir algumas recomendações básicas, mas lembre-se, ao sentir qualquer dificuldade procure imediatamente um profissional capacitado para ajudá-la.

- Não é recomendável prender a respiração durante as contrações vaginais. Respire normalmente, usando a respiração do tipo diafragmática suave. Você também pode realizar as contrações vaginais na expiração, ou seja, quando soltar o ar. Faça como for melhor para você.

- Algumas pessoas se beneficiam quando realizam os exercícios cantando ou contando em voz alta durante a fase inicial de aprendizado, assim não contraem o abdômen com a vagina.

- No momento de realizar as contrações vaginais, evite contrair também os glúteos (bumbum), pernas e demais áreas do corpo. Você deve contrair e relaxar somente os seus MAP.

6.1.1 Frequência dos exercícios

A frequência dos exercícios vai depender dos objetivos, da situação atual dos músculos e das queixas que você tiver. Os exercícios propostos neste livro devem ser realizados com frequência leve (até três vezes na semana com o uso de acessórios e uma vez ao dia para os exercícios somente com o seu corpo, ou seja, sem acessórios) e segura, mas você poderá mudar isso se fizer uma avaliação com o fisioterapeuta ou se estiver acompanhada por um profissional da área capacitado.

As contrações vaginais podem ser realizadas diariamente e, se não houver o acompanhamento de um profissional, recomenda-se fazer os exercícios apenas uma vez ao dia.

É aconselhável fazer uso de acessórios em dias alternados e apenas uma vez ao dia.

Cara leitora, essas informações são muito importantes para sua saúde íntima. Não exagere por pressa na melhora e na conquista dos seus objetivos, pois os resultados não são imediatos.

6.1.2 Uso de lubrificantes com os acessórios

É recomendado o uso de um lubrificante íntimo no acessório para a realização dos exercícios. Os exercícios em si não necessitam de lubrificantes, somente quando houver a introdução de acessórios.

6.1.3 Existe diferença na indicação do uso de lubrificantes para as mulheres?

A resposta é sim, afinal algumas mulheres têm mais lubrificação natural do que outras. Também é preciso considerar que há tamanhos diferentes de vagina e estruturas musculares com diferenças na saúde local, bem como algumas mulheres são mais flácidas do que outras.

A seguir, apresento algumas indicações para o uso dos lubrificantes.

1. Para mulheres com lubrificação natural de normal a baixa, ou com pouca flacidez, recomendo o uso de um lubrificante mais fluídico, que desliza melhor, assim o acessório será introduzido sem causar desconforto.

2. Para mulheres com lubrificação natural mais acentuada e com moderada acentuada flacidez vaginal, recomendo o uso de um lubrificante mais denso, que desliza menos. Dessa forma, o acessório terá maior dificuldade de sofrer deslocamentos ou quedas durante o uso por excesso de lubrificação local.

Para todos os tipos de lubrificantes que serão usados, recomendo pouca quantidade para evitar deslocamentos ou quedas do acessório. Você saberá a quantidade exata de lubrificante a ser usado com a prática.

6.1.4 Posturas para os exercícios íntimos

As mudanças de postura durante a realização dos exercícios íntimos auxiliam na evolução do controle e da eficácia da prática, pois algumas posturas exigem maior controle muscular durante o uso de acessórios ou das contrações vaginais.

6.1.5 Postura mais adequada para iniciantes

A postura mais adequada é a deitada de costas, com os joelhos flexionados (dobrados) e com as plantas dos pés encostadas no chão ou na cama.

A seguir, você encontra diferentes posturas que poderá realizar durante os exercícios, mas elas devem ser modificadas de acordo com sua evolução no tratamento.

Vamos aprender as posturas!

6.2 POSTURAS PARA REALIZAR OS EXERCÍCIOS

Neste livro, vou passar seis posturas que a mulher pode realizar durante a evolução do seu treino. Não é necessário o uso de todas as posturas para adquirir a saúde íntima. Algumas são utilizadas para praticantes do pompoarismo visando apenas ao prazer.

6.2.1 Primeira postura

Inicie os exercícios vaginais (com ou sem acessórios) deitada de costas, com os joelhos flexionados (dobrados). Nessa postura há maior atividade muscular do períneo.

Figura 6.1 – Primeira postura: deitada de costas

Fonte: a autora (2021)

Com o domínio da prática dos exercícios e com o tempo, você poderá mudar para a segunda postura, sentada, que exige mais dos seus músculos, porque essa postura deixa a vagina na posição vertical.

6.2.2 Segunda postura

Sentada, você realizará as contrações vaginais com ou sem o uso de acessórios.

Para ajudar no aprendizado, recomendo às iniciantes e àquelas que têm dificuldade para perceberem seus movimentos que alternem periodicamente a textura do assento enquanto pratica os exercícios, ou seja, ora use uma superfície endurecida, ora uma superfície macia. Essa mudança de superfície facilitará para você sentir a contração dos músculos e melhorará sua percepção local na fase inicial dos exercícios.

Figura 6.2 – Segunda postura: sentada

Fonte: a autora (2021)

Com o domínio nos movimentos vaginais e o controle dos acessórios, você poderá evoluir para a realização dos exercícios na posição em pé.

6.2.3 Terceira postura

Em pé, sua vagina estará na direção vertical e sem contato com um assento. Mantenha suas pernas levemente afastadas, pois isso ajudará no controle do uso de acessórios no canal vaginal.

Figura 6.3 – Terceira postura: em pé

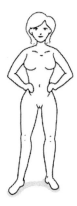

Fonte: a autora (2021)

Quando sentir que consegue permanecer em pé por alguns minutos, com o acessório no canal vaginal sem deslocamentos ou quedas, você estará pronta para evoluir para a postura em pé com movimentos, ou seja, com caminhadas.

6.2.4 Quarta postura

Agora, você iniciará o uso do acessório dentro do canal vaginal com caminhadas. Aos poucos inicie suas atividades diárias. Recomendo usar os acessórios nessa postura.

Figura 6.4 – Quarta postura: caminhar

Fonte: a autora (2021)

Quando sentir que não há deslocamento ou queda do acessório dentro do canal vaginal durante o uso, e dominar essa postura por um período superior a 10 minutos, você poderá evoluir para a próxima postura, que exige maior controle muscular e força, uma vez que ficará na posição semiagachada.

6.2.5 Quinta postura

A posição semiagachada (com as pernas um pouco abertas) exige controle muscular e força local para manter o acessório dentro do canal vaginal sem deslocamento ou queda.

Cuide para iniciar essa postura somente se sua musculatura estiver preparada, com bom controle muscular. Para muitas mulheres, a quinta postura não é necessária para atingir os objetivos de saúde e prazer. Recomenda-se cuidar para não haver danos ao acessório se houver quedas.

Figura 6.5 – Quinta postura: semiagachada

Fonte: a autora (2021)

Caso você domine a posição semiagachada por mais de 10 minutos, sem deslocamento ou queda do acessório, e quiser evoluir, vá para a última postura recomendada neste livro, a posição agachada ou de cócoras.

6.2.6 Sexta postura

A postura agachada ou de cócoras (com as pernas abertas) exige muito, mas muito controle e muita força muscular. Para a maioria das mulheres não é necessário o uso do acessório nessa posição para atingir os objetivos de melhora da saúde e do prazer.

Figura 6.6 – Sexta postura: agachada ou de cócoras

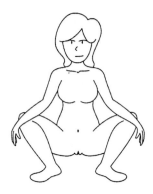

Fonte: a autora (2021)

Recomenda-se cuidar para não haver danos ao acessório se houver quedas.

Estimada leitora, essas posturas são indicadas para a realização das contrações íntimas, com ou sem o uso do acessório, para evoluir no controle, na coordenação e, principalmente, na força muscular.

É importante saber que não é necessário praticar todas as posturas para atingir seus objetivos em relação à melhora da saúde e do prazer.

Geralmente, as mulheres que treinam com as posturas semiagachada, agachada ou de cócoras são as praticantes do pompoarismo com foco na performance sexual e na prática das manobras básicas que ensinarei no capítulo 10.

6.3 TESTE PARA SABER COMO SE CONTRAI OS MÚSCULOS LOCAIS

Muitas mulheres terão dificuldades para saber se realmente conseguem contrair e relaxar seus músculos íntimos adequadamente, principalmente aquelas que irão praticar os exercícios deste livro sem o acompanhamento de um profissional.

Para facilitar esse aprendizado, você mesma pode fazer um teste em sua casa, que a ajudará a saber se está contraindo e relaxando seus músculos íntimos adequadamente. Mas lembre-se, é só um teste e não deve ser realizado com frequência porque pode prejudicar sua saúde local.

> *ATENÇÃO!*
> *O que vou ensinar agora não é um exercício. É apenas um teste!*

6.3.1 O teste

Quando for urinar, tente interromper o fluxo urinário e solte. Faça isso de três a cinco vezes nesse primeiro momento e preste atenção aos movimentos íntimos.

1ª opção

Se você consegue interromper totalmente o fluxo da urina contraindo seus músculos íntimos é porque tem uma boa percepção corporal local e consegue contrair um pouco os músculos locais, portanto sua melhora será mais rápida e efetiva. Mas isso é um sinal, não uma regra.

Provavelmente, a mulher que obteve essa resposta muscular durante o teste conseguirá realizar os exercícios propostos com facilidade.

Esse teste não deve ser realizado com frequência, pois é indicado apenas para você perceber sua musculatura íntima e saber se tem dificuldade ou não para contrair e relaxar seus músculos íntimos.

Agora preste atenção no movimento que você fez para segurar o xixi. Esse é o movimento que você deve realizar na posição e nos locais adequados, não no banheiro.

2ª opção

Se você consegue interromper o fluxo urinário ao contrair seus músculos íntimos com pouca dificuldade ou, ainda, sente muito pouco o movimento do seu períneo, não fique triste, afinal cerca de 30% a 50% das mulheres não conseguem ou apresentam dificuldades de realizar esses movimentos.

Com esse resultado no teste você terá dificuldades no aprendizado e na realização dos exercícios iniciais, mas se beneficiará com o exercício do capítulo 7, que a ajudará a melhorar a percepção local para progredir para os exercícios do capítulo 8.

3ª opção

Se você não consegue interromper o fluxo urinário durante o teste do banheiro, sentiu muita dificuldade e falta de conhecimento corporal, recomendo três atitudes:

- Primeiro: procure um fisioterapeuta especialista na área pélvica para realizar um tratamento mais efetivo e de acordo com suas necessidades e posteriormente inicie os exercícios deste livro.

- Segundo: adquira o Cone Educador Peridell® e use-o para realizar os movimentos iniciais com os seus músculos íntimos e visualizar se há movimento em sua haste durante os exercícios. Quando contrair os músculos vaginais, a haste desse produto (sem peso inicialmente) deve se movimentar para baixo, e ao relaxar ela deve subir para a posição inicial. Com esse produto você saberá se realmente consegue contrair e relaxar seus músculos íntimos. A seguir falarei mais sobre o uso desse produto.

- Terceiro: se não puder ir ao fisioterapeuta e adquirir o cone educador, recomendo que inicie pelo exercício do capítulo 7 com o auxílio de um vibrador por um período de dois meses, e depois repita o teste novamente. Neste mesmo capítulo você irá compreender o motivo desta orientação.

> *Apresento essas opções de acordo minha experiência profissional.*

6.4 ACESSÓRIOS PARA REALIZAR OS EXERCÍCIOS ÍNTIMOS

Existem no mercado mundial muitos acessórios de várias marcas para realizar os exercícios íntimos. Vou citar os que uso, gosto e recomendo, e alguns que eu mesma elaborei (produtos que fazem parte da Linha Terapêutica Peridell®).

1. Cones para pompoar estreitos, pequenos e mais leves (20 g – 30 g – 40 g – 50 g – 60 g) – Ideais para melhorar a fraqueza muscular, pois contribuem para a aquisição de movimentos mais rápidos. Indicados para vaginas menores, mais estreitas e com pouca flacidez.

2. Cones para pompoar mais grossos, maiores e pesados da marca Peridell® (40 g – 60 g – 80 g – 100 g – 120 g). Indicados para mulheres com maior flacidez vaginal. Eles contribuem para o ganho de maior força e resistência muscular. São mais eficientes porque diminuem as chances de deslocamentos e quedas devido ao tamanho e ao diâmetro.

3. Cone educador Peridell® – É um cone com pesos que progridem de 30 g a 210 g (o mais pesado do mundo). Esse produto apresenta uma haste com grande variação na angulação que permite a visualização do movimento dos músculos íntimos. O cone tem formato anatômico, que facilita a introdução e a realização dos exercícios adequadamente.

4. Bolinhas Ben Wa de Pompoar – São duas ou três bolinhas juntas no mesmo cordão de silicone. Indicadas para a melhora da sensibilidade e percepção local.

5. Bolinhas Ben Wa Peridell® – *Kit* com duas bolinhas com pesos diferentes e progressivos. Há um *kit* com bolinhas de 30 e 50 g, outro com 70 e 90 g e um terceiro *kit* com 110 e 130 g. Estas bolinhas são indicadas para mulheres que desejam maior força, resistência, sensibilidade e controle muscular. Você também encontra o *Kit* com seis bolinhas, com pesos de 30 a 130 g.

6. Vibradores modelo personal tamanhos P e M – Indicados para mulheres iniciantes. Também podem ser usados no clitóris.

7. Massageador terapêutico Peridell® – Com a ponteira plana, pontiaguda maior, menor e de gancho. Indicado para todas as mulheres, pode ser usado tanto no clitóris quanto na região do períneo, e internamente na vagina. Tem cinco ponteiras diferentes.

8. Vibrador *bullet* – Indicado para iniciantes que apresentam resistência quanto ao uso de vibradores maiores. Pode ser usado também no clitóris.

9. Dilatadores Peridell® – Indicados para mulheres que já os utilizaram previamente no tratamento do vaginismo e outras indicações com dificuldade de penetração. Mas nesse momento podem reutilizá-los para a realização dos exercícios visando ao ganho de força muscular e coordenação. A visualização do cabo se movimentando durante os exercícios favorece o aprendizado e o reforço muscular local.

Estimada leitora, esses produtos são os que eu uso e indico, mas há outras opções no mercado. A escolha é sua!

6.4.1 É obrigatório o uso dos acessórios para fortalecer os músculos íntimos?

A resposta é não. O uso dos acessórios não é obrigatório para fortalecer os músculos vaginais, seja no pompoarismo ou na fisioterapia. Mas com eles você terá maior eficácia no tratamento de fortalecimento e benefícios, afinal são como aparelhos de academia, que fortalecem, aumentam o número de fibras musculares e desenvolvem a resistência local.

O fisioterapeuta pélvico utiliza cones, bolinhas, dilatadores, massageadores e vibradores em seu trabalho para melhorar os músculos íntimos de suas pacientes. Também indica o uso desses acessórios em domicílio devido a sua eficiência na saúde muscular e para potencializar os resultados.

Cuidado, os acessórios não são indicados para todas as mulheres, tampouco para serem usados em qualquer momento. Vou falar disso a seguir.

6.4.2 Orientações gerais para o uso de acessórios

Os acessórios são produtos que você usará internamente, dentro do canal vaginal ou externamente, no períneo. São muito bons para melhorar a saúde dos seus músculos íntimos.

Separei algumas orientações sobre o uso dos acessórios nos músculos íntimos, seja apenas para ser usado como estímulo local ou para a realização conjunta de exercícios.

Orientações:

1. Use um preservativo sem lubrificação, de preferência. Esse uso é obrigatório quando os exercícios são realizados em consultórios ou em locais onde as pessoas compartilham do mesmo acessório. Se o acessório for de uso pessoal não há essa necessidade.

2. Use pouca quantidade de lubrificante para evitar deslocamentos e quedas do acessório. Expliquei anteriormente (neste capítulo) sobre as indicações e tipos de lubrificantes.

3. Não prenda a respiração enquanto usa os acessórios dentro do canal vaginal, mesmo que você permaneça imóvel na postura escolhida ou durante os exercícios de contrações vaginais.

4. A duração do treinamento para atingir o objetivo pode ser de três a seis meses, se realizado com assiduidade. Mas é importante, após atingir seus objetivos no fortalecimento vaginal, que você continue usando o acessório uma vez por semana ou quinzenalmente, para manter a saúde muscular que você conquistou.

5. Realize a higienização do acessório antes e depois do uso. Recomendo o uso de um sabonete antibactericida e/ou álcool em gel. E lembre-se de guardá-lo somente após totalmente limpo e seco.

6. Somente após o domínio dos exercícios com os acessórios mais leves é que você usará um acessório mais pesado. Isso é fundamental para adquirir força muscular sem lesões.

7. Os músculos demoram um tempo para se recuperarem após um trabalho de fortalecimento local, por isso realize os exercícios sem exagero. Respeite o tempo de trabalho e repouso, assim como o limite do seu corpo.

8. Caso haja necessidade de evolução após os treinos com todos os pesos, ou se houver dúvidas quanto às práticas aqui apresentadas, procure um fisioterapeuta especializado na Saúde da Mulher (área pélvica).

9. O uso de acessórios deve ser realizado em dias alternados, com pelo menos um dia de repouso. Agindo assim você evitará lesões e estará respeitando o seu corpo.

6.5 INDICAÇÕES SOBRE OS VIBRADORES NA SAÚDE ÍNTIMA

Os exercícios com vibradores podem ser realizados na região do clitóris, períneo e vagina. Dê preferência para os vibradores que têm o comprimento necessário para que seja introduzido a aproximadamente 6 cm no canal vaginal. Só assim o vibrador atingirá também os músculos mais profundos no canal vaginal e seu tratamento será mais eficiente.

Para a mulher que sente sua vagina mais apertada, recomenda-se o uso de vibradores mais estreitos e menores para evitar desconforto e insegurança.

Estimada leitora, preciso reforçar que o pompoarismo tradicional e a ginástica íntima, que visam ao fortalecimento dos músculos íntimos, não são indicados para mulheres que apresentam aumento do tônus local ou tenham sintomas de desconforto, dor ou dificuldade na penetração vaginal. Algumas podem apresentar o diagnóstico de vaginismo e vulvodínia. Nesses casos, é indicado realizar um tratamento com o fisioterapeuta, que irá normalizar o tônus antes de iniciar o treino de fortalecimento.

Pesquisas nacionais e internacionais apontam a eficácia da vibração na melhora do relaxamento, da dor, do tônus e da sensibilidade da região do períneo em mulheres com essas queixas.

O vibrador é um ótimo acessório para fortalecer os músculos íntimos porque além dos efeitos benéficos da vibração, o produto auxilia a mulher na percepção, no controle, na coordenação e na força muscular.

Durante o uso do vibrador no canal vaginal, recomenda-se o uso de pouca quantidade de lubrificante para evitar quedas, deslocamentos e desconforto durante a sua introdução.

6.5.1 Quando posso iniciar o uso do vibrador para fortalecer os músculos vaginais?

Você tem duas opções para usar o vibrador com esse objetivo. A primeira é quando você não consegue realizar as contrações vaginais e precisa do apoio inicial da vibração para melhorar sua percepção e sua força. Consulte o capítulo 7 para saber como usá-lo para melhorar a sensibilidade local.

A segunda opção é quando você consegue realizar os exercícios vaginais de números 02 a 04, ou todos os exercícios do capítulo 8, e escolhe acrescentar a vibração (após a realização deles) para intensificar o tratamento, ou apenas por questão de gosto.

Use o vibrador ora ligado, ora desligado, durante as contrações e relaxamentos. A vibração contribui para a saúde muscular e proporciona estímulos diferenciados que auxiliam na percepção local, no controle e na coordenação.

ATENÇÃO!
O vibrador pode ser usado em diferentes etapas do tratamento, sem regras. O importante é usá-lo em dias alternados e respeitar o tempo citado na explicação dos exercícios. Algumas mulheres vão preferir usar o vibrador antes dos

> *exercícios vaginais, outras durante e outras após. É uma questão de gosto ou de indicação do profissional que está acompanhando o tratamento.*

Na fase inicial do tratamento, use o vibrador escolhido na velocidade baixa e, aos poucos, aumente para mediana. Evite usá-lo na capacidade máxima da vibração durante os exercícios vaginais porque poderá causar um grande relaxamento local, além de alteração da sensibilidade e diminuição do controle muscular para segurá-lo, principalmente se você o estiver usando na posição em pé ou agachada.

6.6 QUAL ACESSÓRIO DEVO USAR

Você, ou o profissional que a acompanha, escolherá o acessório a ser usado para realizar os exercícios deste livro. Em alguns exercícios você não usará acessório algum. As opções são:

1ª Somente os exercícios.

2ª Somente os vibradores.

3ª Exercícios + vibradores.

4ª Exercícios + acessórios (cones e bolinhas).

5ª Realizar os exercícios que você mais gostou ou fazer todos em épocas diferentes, respeitando o dia de repouso sem acessórios.

> *Vale lembrar que você pode usar apenas um acessório no dia e que sempre deve deixar um dia de repouso. Já os exercícios realizados somente com os músculos íntimos podem ser realizados diariamente.*
> *Tanto os exercícios de contrações com os músculos íntimos quanto os que você realiza com o uso de um acessório precisam de um intervalo (de 3 a 5 minutos) de repouso entre cada atividade.*

Os exercícios que você realizará, ou os acessórios que escolher, ficarão a seu critério ou de acordo com as orientações do profissional que a acompanha.

6.6.1 Como evoluir nos exercícios

A evolução dos exercícios só deve ocorrer quando você tiver dominado os que já realiza. Por exemplo: só inicie o exercício número

05 (do nível avançado) quando tiver dominado os exercícios iniciais de números 02 a 04. Quando dominar o exercício número 06, inicie o número 07, e assim sucessivamente.

É muito importante você iniciar um novo exercício somente quando já domina o exercício que o antecede neste livro. Se você não os realiza corretamente ou não tem domínio dos exercícios iniciais, poderá realizar os exercícios mais complexos de modo errado e prejudicará sua evolução e seu tratamento. Algumas vezes pode até acontecer de danificar as estruturas musculares e prejudicar sua saúde local.

Recomento ficar atento aos sinais que o seu corpo transmite com a realização dos exercícios propostos neste livro, seja com ou sem os acessórios. Por isso, o tempo necessário para a evolução dos exercícios, bem como a frequência de realização e o tipo de exercício, varia muito de pessoa para pessoa.

Respeite o limite do seu corpo!

6.6.2 Por que é muito individual a evolução?

Porque cada pessoa tem uma história emocional e física, estruturas corporais, hábitos de vida, assim como lesões locais diferentes. O tempo que demorei para evoluir nos exercícios pode não ser o mesmo para a minha irmã, por exemplo. Compreendeu?

De modo geral, a evolução dos exercícios só deve ocorrer quando você tiver dominado os anteriores sem sentir desconforto ou dor após 48 horas de descanso.

Cara leitora, é comum sentir um leve desconforto nas primeiras horas após a realização dos exercícios, principalmente na fase inicial. Isso ocorre porque seus músculos podem estar enfraquecidos e no início do trabalho as exigências e as adaptações fisiológicas locais são maiores, como no início das atividades na academia.

Mas evite os exageros e a má realização dos exercícios, pois, assim, você poderá sentir um desconforto acentuado e dor por alguns dias. Isso sinaliza que você deve rever seu modo de realização ou buscar ajuda de um profissional capacitado.

Exemplo de evolução dos exercícios: assim que você dominar o exercício número 02 poderá incluir o número 03. E quando dominar o exercício número 03 poderá incluirá o número 04, e assim sucessivamente.

Caso você tenha o acompanhamento de um profissional capacitado, seguirá os exercícios propostos neste livro de acordo com as orientações do profissional.

> *Lembre-se:* não há regras!
> *O importante é seguir as orientações de uma pessoa capacitada e atualizada para você realizar corretamente os exercícios sem danos locais.*

Capítulo 7

A PERCEPÇÃO CORPORAL

Este capítulo é muito importante para você adquirir percepção corporal da região do períneo, pois sem essa percepção você terá grandes dificuldades para iniciar o fortalecimento.

Antes de iniciar qualquer programa de fortalecimento dos músculos íntimos, é necessário ter uma adequada sensibilidade local, ou seja, sentir e saber contrair e relaxar a musculatura pélvica. Desse modo, ficará mais fácil realizar todas as atividades apresentadas nos próximos capítulos.

Atualmente, pesquisas afirmam que a vibração é uma grande aliada na melhora da percepção dos músculos íntimos e da região do períneo. Por isso, incluí neste livro algumas dicas que ajudarão a melhorar a sensibilidade local e, assim, você aprenderá a contrair e a relaxar adequadamente seus músculos íntimos. Somente após esse aprendizado é que você passará para os exercícios do capítulo 8.

*Para melhorar a sensibilidade da região íntima, reco-
mendo que você inicie pelo exercício de número 01 deste
capítulo, que é fundamental para a adequada realização
dos exercícios seguintes.
Vamos lá?!*

7.1 USO SOMENTE DA VIBRAÇÃO PARA MELHORAR A SENSIBILIDADE

A normalização da sensibilidade e da percepção é muito importante para que você perceba seus músculos íntimos, controle os movimentos e aprenda a realizar corretamente os exercícios, e isso inclui saber contrair e relaxar a musculatura pélvica.

Indico, para esse momento, o massageador terapêutico da Linha Peridell®, que foi desenvolvido por mim. Ele tem os parâmetros comprovados por pesquisas internacionais que atuam, também, na melhora da dor, no relaxamento, no aumento da sensibilidade e na força muscular. Por isso, ele ajuda muito no conhecimento íntimo, que é fundamental para você evoluir com os exercícios.

Esse massageador se diferencia dos demais disponíveis no mercado por ter um manual de uso e quatro ponteiras intercambiáveis que permitem o trabalho eficiente em diferentes regiões corporais e para diferentes objetivos.

7.2 EXERCÍCIO 01 – USO DO VIBRADOR

Oriento o uso do vibrador externamente e internamente, com atenção e cuidado durante o uso para perceber a resposta do corpo, as áreas que estão sendo estimuladas e as sensações locais.

Você o usará de duas maneiras:

1ª Externamente, no períneo e por toda a vulva, com foco no clitóris.

2ª Internamente, nas paredes vaginais (direita e esquerda), no "chão" da vagina, ou seja, na parede de baixo do canal vaginal. E um pouco (com cuidado) no "teto" da vagina, ou seja, na parede de cima do canal vaginal, região em que está localizado o famoso "ponto G".

7.2.1 Vibrador no períneo e na vulva – uso externo

O uso do vibrador no clitóris favorecerá o aumento da circulação sanguínea e da sensibilidade local, pois quando os músculos íntimos (assoalho pélvico) estão enfraquecidos há deficiência nos suprimentos sanguíneo e nervoso para esse órgão, diminuindo o prazer e a saúde física.

Inicie o uso do vibrador com a intensidade da vibração leve e posteriormente aumente para a moderada. Realize movimentos de deslizamento ou deixe-o parado por alguns segundos por todo o períneo e, aos poucos, vá para a região dos pequenos e grandes lábios. Após isso, reserve um tempo sobre o clitóris, com movimentos circulares e parado por cima e ao seu redor.

> *Cara leitora, preciso lhe dizer que não há regra ou "receita de bolo" de como estimular o clitóris por meio de movimentos ou direção. O importante é o estímulo no local.*

O tempo inicial do uso do vibrador na região é de 3 minutos. Aumente progressivamente 1 minuto a cada dois dias de uso, até chegar a 10 minutos, no máximo.

> *O tempo citado é para a finalidade de tratamento e não para a busca do prazer. Nesse momento, você deve se lembrar de que o seu objetivo é a melhora da saúde local. Sentir prazer será uma consequência, não o foco.*

Você poderá usar o vibrador na região do períneo, externamente, e sentir melhora da percepção e da sensibilidade local. Aumente gradativamente o tempo de uso do vibrador até atingir o máximo recomendado, que é de 10 minutos.

Após essa melhora, você poderá usar o vibrador dentro do canal vaginal, como explicarei a seguir.

7.2.2 Dicas de uso do vibrador no períneo e na vulva

Tempo inicial: 3 minutos.

Progressão: aumente o tempo de uso de 1 a 2 minutos por dia. Se não houver desconforto, até chegar a 10 minutos por área.

Intensidade: leve a moderada.

Frequência: uma vez ao dia, em dias alternados. Ou três vezes na semana.

7.2.3 Vibrador na vagina – uso interno

O canal vaginal apresenta, em média, de 8 a 10 cm de comprimento quando não há excitação, e é preciso estimular todo o canal vaginal com o vibrador para conseguir um efeito mais assertivo na estimulação e na circulação local.

Por isso, precisamos considerar que pode haver, em média, uma distância de 1,5 a 2 cm para chegar aos músculos íntimos introduzindo-o no canal vaginal, e mais uns 4 cm de profundidade para atingir a musculatura profunda do assoalho pélvico.

> *Para uso assertivo na melhora dos músculos locais, recomendo um vibrador de comprimento igual ou superior a 8 cm.*
> *Veja na imagem da Figura 1 a importância do comprimento adequado.*

Figura 7.1 – Profundidade do canal vaginal

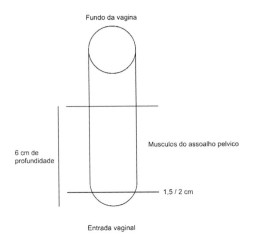

Fonte: Dell' Antônio; Pretti (2021)

Após introduzir o vibrador na vagina a uma profundidade média de 6 cm, encoste-o nas paredes laterais da vagina, da direita e da esquerda, para estimular a circulação local e ocorrer os efeitos fisiológicos que ele promove. O tempo inicial deve ser de 3 minutos, aumentando progressivamente até atingir o tempo máximo de 10 minutos por área.

Veja, nas imagens da Figura 7.2, como usar o massageador terapêutico da Linha Peridell®.

Figura 7.2 a – Com ponteira plana na região do períneo
Figura 7.2 b – Com ponteira em gancho na vulva
Figura 7.2 c – Com ponteira pontiaguda maior no introito vaginal

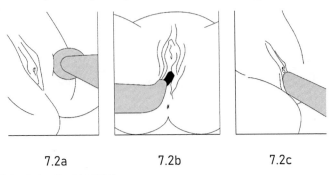

Fonte: Dell' Antônio; Pretti (2021)

7.2.4 Dicas de uso do vibrador dentro do canal vaginal

Tempo inicial: 3 minutos.

Progressão: aumente o tempo de uso de 1 a 2 minutos por dia se não houver desconforto, até chegar aos 10 minutos por área. Insira o vibrador a uma profundidade de até 6 cm.

Intensidade da vibração: leve a moderada.

Frequência: uma vez ao dia, em dias alternados. Ou três vezes na semana.

> *ATENÇÃO!*
> *Não use vibrador e outro acessório no mesmo dia. É preciso um dia de repouso entre cada produto.*

Algumas mulheres rapidamente sentirão melhora local e do controle muscular, outras precisarão de algumas semanas, e outras ainda de alguns meses. Os resultados serão individuais, pois dependerão da percepção corporal de cada mulher, assim como da frequência de uso e de fatores físicos e emocionais.

> *Estimada leitora, quando indico o uso de acessórios ou a realização de exercícios de modo geral, sem conhecer e avaliar cada pessoa que irá realizar tais atividades, não posso determinar prazos, muito menos garantir eficiência para todas.*
>
> *O que posso dizer é que a vibração, no geral, ajuda muito em vários aspectos, entre eles na parte física local.*

Permita-se usar o vibrador de modo terapêutico sem preconceitos ou vergonha. Você precisa aceitar esse uso para haver melhoras locais. Por isso gosto de indicar o massageador terapêutico da Linha Peridell® com ponteiras diferenciadas para tratar várias áreas corporais. Esse produto é o primeiro no mercado nacional, talvez internacional, com manual de uso repleto de imagens, indicações e contraindicações desenvolvido por uma fisioterapeuta, que sou eu!

Usar o vibrador para melhorar a percepção local se faz necessário para mulheres que apresentam dificuldades em sentir e realizar a contração dos músculos íntimos.

> *Estimada leitora, algumas mulheres, ao usarem o vibrador, perceberão uma secreção esbranquiçada na calcinha, sem cheiro. Parecido com um corrimento. Não é doença ou situação preocupante e, sim, a estimulação de estruturas locais.*

Capítulo 8

EXERCÍCIOS DE CONTRAÇÕES VAGINAIS

Neste capítulo, você aprenderá alguns exercícios para melhorar sua saúde íntima e seu prazer sexual. Provavelmente, você já deve ter concluído que foi importante ter lido os capítulos anteriores e ter adquirido sensibilidade, controle e boa percepção corporal do seu períneo.

Agora, você aprenderá a realizar exercícios com os MAP para o fortalecimento vaginal e, posteriormente, ensinarei exercícios com o uso de alguns acessórios.

Se você não leu os capítulos anteriores e começou a leitura por este capítulo, sugiro que vá para o início do livro. Só assim você adquirirá todas as informações e habilidades necessárias para ter êxito e satisfação com o que aprenderá aqui. Afinal, esse aprendizado é um processo que tem uma progressão com início, meio e fim.

Cara leitora, nem todas as mulheres conseguirão contrair e relaxar seus músculos adequadamente para terem sucesso e atingirem seus objetivos. Lembre-se que já falei disso no capítulo anterior.

Para as mulheres que durante a realização do teste apresentado no capítulo 6 não conseguiram segurar o fluxo urinário e não sabem se estão contraindo os músculos adequadamente, ou ao usarem o cone educador Peridell® não houve nenhuma movimentação da haste, aconselho iniciar pelo exercício do capítulo anterior, o de número 01. Muitas vezes, é preciso maior tempo nessa fase.

Os efeitos do treinamento que ensino neste livro incluem desenvolvimento, restauração e/ou manutenção da força muscular, assim como da resistência, da mobilidade, da flexibilidade, do relaxamento, da coordenação e da habilidade muscular. Mas esses resultados não serão iguais para todas as mulheres porque, como você já leu aqui, há diferenças na saúde física local e na eficácia na realização dos exercícios.

É importante ressaltar que um programa de treinamento do assoalho pélvico deve ter início com a adequada percepção corporal e a normalização do tônus muscular. Só assim você conseguirá contrair e relaxar adequadamente seus músculos íntimos. Se o tônus dos músculos locais estiver normalizado, essas funções estarão presentes e você terá facilidade para realizar os exercícios deste livro.

Vamos lá!

8.1 OS EXERCÍCIOS INICIAIS

A partir de agora, ensinarei os exercícios da FASE INICIAL do aprendizado, com diferentes posições e modos de realizar as/os contrações/relaxamentos com os músculos íntimos para facilitar o aprendizado e a evolução.

> *Lembre-se que o exercício de número 01 deste livro (que você aprendeu no capítulo anterior) faz uso do vibrador. Ele ajuda na melhora da percepção do períneo e contribui para a realização adequada dos próximos exercícios.*

Nesse momento, quero incluir a importância do uso para algumas mulheres do Cone Educador Peridell® para ajudar na percepção e no aprendizado da contração e do controle muscular. Como dito no capítulo anterior, ele poderá ajudar as mulheres com dificuldades de realizar ou identificar que estão contraindo e relaxando seus músculos íntimos corretamente, a ginástica íntima.

O que recomendo no caso de dificuldade ou dúvida? Realizar os exercícios de números 02 e 04 com ele, na fase inicial do aprendizado. Nesses casos, usá-lo como um acessório sem pesos adicionais, o que irá permitir a visualização da haste durante as contrações e os relaxamentos.

> *Usar o cone educador será de sua escolha e de como está sua capacidade de realizar os exercícios. Ele é um grande aliado no processo de aprendizado e percepção muscular. Se escolher usá-lo nessa fase inicial, siga os movimentos com as orientações descritas nos exercícios de números 02 e 04. Vamos lá!*

8.1.1 Exercício 02

Nesse exercício, você trabalhará os músculos superficiais e profundos do assoalho pélvico. Para isso, fique deitada de costas com os joelhos flexionados e respirando normalmente. Nessa posição, contraia os músculos íntimos durante a expiração (quando você solta o ar).

Figura 8.1 – Postura para a realização desse exercício

Fonte: a autora (2021)

Como fazer: você terá a sensação de contrair a vagina, a uretra e o ânus, com movimentos de contrair e relaxar várias vezes. Contraia os músculos íntimos e relaxe, contraia e relaxe sucessivamente e devagar, até realizar 10 repetições.

Nesse exercício, você deve contrair os músculos íntimos sentindo levantar as estruturas do períneo devagar, para depois relaxar. Durante a contração não contraia também os músculos do bumbum, coxas, abdômen, mas somente seus músculos íntimos.

Conforme sentir melhora na percepção e no controle muscular desse exercício, sem desconforto ou dor após 48 horas da realização, aumente para duas séries de 10 repetições deste modo: contraia e relaxe devagar e sucessivamente os músculos íntimos até completar 10 repetições. Descanse 1 minuto e reinicie os movimentos para realizar a segunda série de 10 repetições, totalizando 20 repetições.

Após dominar as duas séries de 10 repetições, você pode aumentar para três séries de 10 repetições, total de 30 repetições. Mas o aumento deve ocorrer aos poucos, sem desconforto ou dor após os exercícios.

ATENÇÃO!
Estimada leitora, se em algum momento você sentir cansaço, dificuldade ou desconforto, pare imediatamente o exercício e reinicie no dia seguinte. Na fase de aprendizado, é comum parar no meio da série sem completá-la.
Recomendo parar de realizar o exercício diante do cansaço do que fazer de modo inadequado.

Siga essas orientações com o uso ou não do cone educador.

Poderá demorar meses até você conseguir realizar três séries de 10 repetições de modo adequado. Por isso não tenha pressa e respeite seu corpo.

Esse exercício pode ser realizado até duas vezes ao dia.

Figura 8.2 – Exercício de número 02: como realizar as contrações e os relaxamentos

Fonte: Dell`Antônio; Pretti (2021)

A partir do momento que você conseguir fazer adequadamente as duas séries de 10 repetições, poderá iniciar (acrescentar) o exercício 03.

Cara leitora, para evoluir nos exercícios e incluir o próximo, é necessário conseguir praticar, com segurança e eficiência, o exercício atual. Jamais acrescente um exercício novo ao seu treinamento se não conseguir realizar com eficiência o anterior ou anteriores.

No início, muitas mulheres terão dificuldades para realizar corretamente esse exercício. Algumas irão contrair outras áreas do corpo ao mesmo tempo ou até prender a respiração, o que não é adequado. Com o tempo e a prática, você conseguirá isolar qualquer contração em outra parte do corpo e realizar somente os movimentos com o seu períneo.

Depois de aprender corretamente os movimentos deste exercício, você poderá aumentar o número de séries. E, após conseguir realizar adequadamente duas séries de 10 repetições, inclua o exercício de número 03.

ATENÇÃO!
Ensino neste livro o contrair e o relaxar em vários exercícios por serem mais fáceis e básicos para serem praticados em domicílio e sem acompanhamento de um profissional fisioterapeuta.

> *Quando há um acompanhamento desse profissional, serão possíveis variações no tempo e no modo de realizar o relaxamento, assim como as contrações.*

8.1.2 Exercício 03

Nesse exercício, você trabalhará os músculos superficiais do assoalho pélvico, ou seja, movimentará somente a entrada da vagina.

> *Agora, você mudará o local dos movimentos realizados dentro do canal vaginal, porque o exercício a seguir trabalha o fortalecimento dos músculos superficiais dos MAP.*
>
> *Quando você movimenta esses músculos superficiais, não terá a sensação de elevar vagina, uretra e ânus, mas sim a sensação de contrair e relaxar somente a entrada da vagina, tornando sutil o movimento local.*

Sente-se em uma cadeira com o tronco ligeiramente inclinado para a frente a fim de encostar a região da entrada vaginal no assento e aumentar sua percepção dos movimentos locais, sem causar desconforto pela postura.

Figura 8.3 – Postura para a realização desse exercício

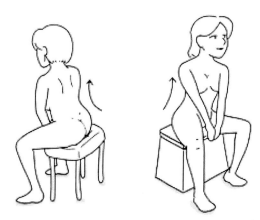

Fonte: a autora (2021)

Como fazer: contraia somente a entrada da vagina e relaxe. Realize 10 contrações e 10 relaxamentos devagar, mas concentrada nos movimentos vaginais sobre o assento endurecido ou macio.

Desse modo, contraia e relaxe a entrada da vagina, contraia e relaxe, contraia e relaxe devagar e sucessivamente até completar 10 repetições.

Figura 8.4 – Exercício de número 03: como realizar as contrações e os relaxamentos

Fonte: Dell`Antônio; Pretti (2021)

Algumas mulheres podem se beneficiar deste exercício focando nas contrações da região anal ao invés da região vaginal. Nesse caso, realize deste modo: contraia e relaxe o ânus, contraia e relaxe o ânus sucessivamente até realizar 10 repetições. Faça como indicado no exercício 02 com a vagina, mas substituindo a região de atenção e controle para a região anal.

Tanto faz focar a contração na vagina ou no ânus, pois os resultados de aprendizado e de controle dos músculos íntimos serão os mesmos. Recomendo a substituição da atenção durante a contração da vagina para no ânus na fase inicial de seu aprendizado, principalmente para aquelas que tiverem dificuldades de contrair a região vaginal.

Quando você dominar os movimentos sem sentir desconforto ou dor após 48 horas, aumente para duas séries de 10 repetições, com um intervalo de descanso de 1 minuto entre cada série. Total de 20 repetições.

Progrida para três séries de 10 repetições, sempre descansando 1 minuto entre cada série. Total de 30 repetições.

ATENÇÃO!
Estimada leitora, se em algum momento você sentir cansaço, dificuldade ou desconforto, pare imediatamente o exercício e reinicie no dia seguinte. Na fase de aprendizado, é comum parar no meio da série sem completá-la. Recomendo parar de realizar o exercício diante do cansaço do que fazer de modo inadequado.

Para melhorar a percepção corporal e facilitar o aprendizado, procure alternar a realização deste exercício usando ora um assento endurecido, ora um assento macio. Para quem realizar as/os contrações/relaxamentos com a região anal, é recomendado ficar sentada em uma postura que permita encostar o ânus no assento para melhor sentir os movimentos.

Se você realizar as contrações vaginais corretamente, sem desconforto ou dor, poderá mudar a postura para inclinada para a frente, de modo a encostar a região vaginal no assento. Isso ajudará a sentir melhor os movimentos locais.

Pratique esse exercício até duas vezes ao dia.

Após dominar três séries de 10 contrações/relaxamentos nesse exercício, você poderá fazê-lo também durante suas atividades diárias, ou seja, enquanto assiste TV, no trabalho, enquanto aguarda uma consulta médica, no carro, no ônibus ou no metrô, e em outros momentos em que esteja na posição sentada. Ninguém perceberá!

Esse exercício é indicado para a fase inicial do seu treino, pois você poderá fazê-lo em diversas situações e momentos do seu dia a dia, como as citadas anteriormente.

Lembre-se de que há a opção de contrair a região anal nesse exercício. Essa facilidade no aprendizado, ou seja, com o foco na região anal, foi observada em pesquisas internacionais.

Quando você realizar adequadamente duas séries de 10 repetições deste exercício, poderá iniciar (acrescentar) o exercício de número 04 e continuar na progressão e na evolução dos exercícios, mas com o acréscimo do seguinte.

8.1.3 Exercício 04

Nesse exercício, você trabalhará os músculos superficiais e profundos do assoalho pélvico.

Após melhorar a percepção e o controle muscular durante as contrações e os relaxamentos propostos nos exercícios de números 02 e 03, você iniciará o número 04. Talvez você demore algumas semanas para iniciá-lo.

Figura 8.5 – Postura para a realização desse exercício

Fonte: a autora (2021)

Como fazer: deitada de costas com os joelhos flexionados, respire normalmente e contraia os músculos vaginais, a uretra e o ânus. Mantenha-os contraídos por 3 segundos, solte-os e descanse por 6 segundos.

Deste modo: contraia e mantenha a contração por 3 segundos, relaxe e descanse por 6 segundos sucessivamente até completar 10 repetições.

Figura 8.6 – Exercício de número 04: como realizar as contrações e relaxamentos

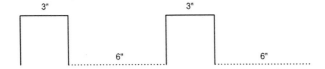

Fonte: Dell` Antônio; Pretti (2021)

Cara leitora, você pode aumentar as séries conforme sentir melhora na percepção e no controle muscular sem prender a respiração. Não realize movimentos com outra área do corpo para ajudar o períneo. Não aumente a quantidade dos exercícios se sentir algum desconforto até 48 horas após realizá-los.

Quando você conseguir manter a contração por 3 segundos, poderá iniciar a realização da segunda série.

Realize duas séries de 10 contrações, deste modo: contraia a vagina por 3 segundos, relaxe e descanse por 6 segundos e reinicie até completar 10 repetições. Descanse 1 minuto entre cada série de 10 repetições. Agora, realize a segunda série, totalizando 20 repetições de contrações e relaxamentos.

Posteriormente, quando dominar esse exercício, poderá aumentar para três séries de 10 contrações e relaxamentos, com 1 minuto de descanso entre cada série, totalizando 30 repetições.

> *ATENÇÃO!*
>
> *Estimada leitora, se em algum momento você sentir cansaço, dificuldade ou desconforto, pare imediatamente o exercício e reinicie no dia seguinte. Na fase de aprendizado é comum parar no meio da série sem completá-la.*
>
> *Recomendo parar de realizar o exercício diante do cansaço do que fazer de modo inadequado.*
>
> *No início, é muito comum ter dificuldades para manter a contração por 3 segundos. Na maioria das vezes, em 2 segundos você já terá soltado a contração sem querer. Mas não desista. Mentalize os 3 segundos e vá tentando. Conforme seus músculos forem melhorando, você conseguirá manter a contração pelo tempo adequado, que é de 3 segundos.*
>
> *Mas só aumente o número de séries quando conseguir chegar nesse tempo, portanto não tenha pressa!*
>
> *O importante é você fazer adequadamente o exercício sem contrair outra parte do seu corpo ou prender a respiração enquanto mantém a contração por 3 segundos.*
>
> *Com o uso do cone educador você irá perceber exatamente o tempo que sua contração permanece sustentada, ou seja, se consegue contrair e segurar exatamente o tempo proposto sem a haste iniciar o movimento de subir, de voltar à posição de origem.*

Nesse momento, você já terá percebido que não é fácil contrair e manter a contração adequada por 3 segundos.

Se você já consegue realizar as três séries de 10 repetições mantendo, em todas as séries, o tempo de contração de 3 segundos, parabéns! Agora, chegou a hora de evoluir no treino. Vamos lá?!

> *Vamos melhorar sua resistência muscular? Para isso precisamos aumentar o tempo de contração dos músculos íntimos com as fibras tipo I (tônicas).*

Após sentir que você contrai bem e consegue manter a contração por 3 segundos em três séries de 10 repetições, poderá aumentar o tempo de contração sustentada para 5 segundos e o tempo de descanso para 10 segundos.

Proceda deste modo: contraia os músculos vaginais e mantenha a contração por 5 segundos, relaxe e descanse por 10 segundos. Reinicie e realize assim sucessivamente até completar 10 repetições

No início, você poderá sentir dificuldades para manter a contração pelo tempo indicado, mas com a prática conseguirá evoluir no controle dos seus movimentos e na capacidade de contração (tempo e força muscular).

Evolua o exercício aumentando progressivamente para duas séries de 10 repetições, sempre mantendo a contração por 5 segundos e relaxando por 10 segundos. Não se esqueça de que o tempo de repouso entre cada série é de 1 minuto. Sempre!

Somente quando você conseguir manter a contração adequada por 5 segundos é que poderá aumentar para três séries de 10 movimentos, totalizando 30 repetições com 1 minuto de repouso entre cada série.

Esse exercício pode evoluir até você conseguir realizá-lo duas vezes ao dia, no máximo. Quando conseguir realizar duas séries de 10 repetições, acrescente o exercício de número 05.

É importante continuar realizando os exercícios anteriores, mas com o acréscimo do seguinte.

ATENÇÃO!
Esses três exercícios fazem parte da FASE INICIAL do treinamento proposto neste livro, ou seja, são os mais fáceis para aprender e praticar. Mesmo assim, algumas mulheres têm dificuldades para realizá-los.
Para as mulheres que não conseguem realizar os exercícios de 02 a 04, apresento algumas opções.

8.2 O QUE FAZER SE NÃO CONSIGO REALIZAR OS EXERCÍCIOS ANTERIORES?

Você tem algumas opções para contornar essa dificuldade e melhorar sua habilidade na realização do treino proposto neste livro. Seguem as opções:

- *Primeira opção* – Procurar um fisioterapeuta da área pélvica para uma avaliação dos seus músculos íntimos e, se necessário, iniciar um tratamento com esse profissional. Só retome a realização dos exercícios aqui propostos quando melhorar as condições físicas e de saúde local com a ajuda do fisioterapeuta.

- *Segunda opção* – Iniciar sozinha a melhora da sensibilidade e da percepção íntima com o uso do vibrador, conforme descrito no capítulo 7. Nesse caso, o uso da vibração ajudará a melhorar o tônus muscular, além de estimular a sensibilidade e a percepção local. Você pode usar a vibração por semanas ou meses.

Algumas mulheres não precisarão realizar o processo de melhora da percepção e sensibilidade, como vimos no capítulo 7. Elas terão facilidade para realizar os movimentos e os exercícios da FASE INICIAL e passarão com tranquilidade para a fase seguinte dos EXERCÍCIOS AVANÇADOS.

8.3 INTRODUÇÃO SOBRE OS EXERCÍCIOS AVANÇADOS

A partir de agora, iniciaremos os EXERCÍCIOS AVANÇADOS, que são indicados somente após o domínio dos exercícios da FASE INICIAL.

Muitas mulheres perceberão melhoras na saúde íntima e no prazer apenas praticando os exercícios da FASE INICIAL.

Para realizar os EXERCÍCIOS AVANÇADOS, você precisa saber um pouco mais sobre o que as pesquisas concluíram sobre eles. Vamos lá!

Pesquisas internacionais relatam que a mulher precisa, primeiramente, conhecer seu corpo e seus músculos íntimos (do assoalho pélvico) para só depois iniciar um programa de fortalecimento dessa região. Portanto, o conhecimento e o controle da contração e do relaxamento pélvico devem ocorrer antes de iniciar qualquer tipo de exercício de reforço.

Os exercícios deste livro seguem essa premissa.
Por isso, é muito importante que você aprenda a contrair e a relaxar os MAP adequadamente com os exercícios da fase inicial para só depois praticar os exercícios da fase avançada. Eles foram escolhidos para facilitar o seu aprendizado e a realização correta.

Para chegar na fase dos exercícios avançados, é necessário ter conhecimento prévio dos músculos **pélvicos**, sua movimentação, e conseguir contraí-los usando as porcentagens de força (30%, 70% e 100%). Mas o domínio de força e grau de contração citados aqui ocorrem somente com o tempo e a prática.

Os exercícios avançados exigem que a mulher mantenha os músculos íntimos contraídos por um tempo maior do que 5 segundos. Durante a contração muscular, a mulher deve sentir que seus músculos íntimos se contraem e se elevam para dentro e para cima.

O reforço na contração sustentada, que irá promover o aumento da força muscular local, deve ser de 100% de força ao contrair os músculos íntimos e mantê-los contraídos por alguns segundos. O ideal é manter a contração por um tempo de 5 a 8 segundos.

> É recomendável *iniciar esses exercícios somente após ter um bom domínio do exercício número 04, ou seja, se conseguir manter a contração por 5 segundos, com três* séries de 10 repetições.

Quando você sentir um aumento no controle e no domínio da contração e do relaxamento dos MAP poderá substituir aos poucos os exercícios da FASE INICIAL pelos EXERCÍCOS AVANÇADOS, iniciando pelo número 05. Acrescente aos poucos os demais exercícios deste capítulo e do próximo, mas sempre respeitando os limites de seu corpo.

Todos os exercícios deste livro são baseados em pesquisas científicas que comprovam sua eficácia na melhora dos músculos pélvicos e, consequentemente, da saúde íntima e do prazer da mulher.

Esses exercícios só podem ser realizados pela mulher que tiver domínio dos exercícios anteriores, pois exigem um bom controle muscular e uma boa capacidade para manter a contração por alguns segundos sem a ajuda de outra área corporal e sem prender a respiração.

Ao iniciar os exercícios avançados, você poderá escolher se também quer fazer o exercício da fase inicial, ou seja, de número 01 com o vibrador. Isso vai depender da sua vontade e da sua disponibilidade. É bom lembrar que o exercício de número 01 é indicado para a fase da melhora da percepção.

Mas, se por algum motivo, você interromper seu treino e passar dias ou meses sem realizar os exercícios avançados, para retomá-los será necessário recomeçar pela fase inicial, ou seja, pelos exercícios números 02 a 04.

Você percebe a importância de seguir a ordem de progressão dos exercícios que aqui são propostos? E a importância de melhorar sua percepção local para somente depois iniciar o fortalecimento aos poucos?
Todos os exercícios são importantes para você adquirir coordenação muscular e força sem prejudicar os MAP.
Só assim terá saúde sexual e prazer em sua vida íntima!

Cada exercício proposto neste livro foi cuidadosamente escolhido para melhorar seus músculos íntimos em questão de saúde, prevenção e manutenção. Por isso, tente realizá-los de acordo com as orientações dadas e caso não se sinta capaz de fazê-los sozinha busque a ajuda de um fisioterapeuta pélvico. Ele poderá indicar outras técnicas que complementarão o seu treino no consultório e em seu domicílio.

A partir de agora, você será capaz de sentir a contração muscular dos seus músculos se elevarem para dentro e para cima da sua pelve com maior facilidade de acordo com a prática e a evolução na sua saúde local.

A contração deve ser realizada durante a expiração, ou seja, quando você soltar o ar. Para algumas mulheres será mais fácil realizar a contração sem focar na respiração, pois elas conseguem respirar normalmente durante o exercício usando o diafragma. O importante é não prender a respiração ao realizar os exercícios.

Vamos para os exercícios avançados deste livro!

8.4 OS EXERCÍCIOS AVANÇADOS

Nos exercícios que seguem, você também poderá optar pelo cone educador para ter a visualização das contrações e dos relaxamentos, e ter certeza sobre o tempo de sustentação, se você, de fato, consegue manter. Lembro que o uso do cone nessa fase inicial é sem adição de pesos.

No próximo capítulo, falaremos exclusivamente dos exercícios com o uso dos acessórios, e lá você aprenderá mais sobre o cone educador e sua evolução nos exercícios com o aumento da carga em pesos.
Vamos lá!

8.4.1 Exercício 05

Nesse exercício, você trabalhará os músculos superficiais e profundos do assoalho pélvico.

Deitada de costas com os joelhos flexionados, contraia os músculos íntimos sentindo-os irem para dentro e para cima na região pélvica.

Figura 8.7 – Postura para a realização desse exercício

Fonte: a autora (2021)

Como fazer: contraia a vagina, a uretra e o **ânus** com toda a sua força (contrair 100% do que conseguir) e mantenha a contração por 8 segundos. Depois, solte e relaxe os músculos vaginais por 16 segundos. Repita esse processo até completar 10 repetições.

Figura 8.8 – Exercício de número 05: como realizar as contrações e os relaxamentos

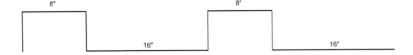

Fonte: Dell' Antônio; Pretti (2021)

Conforme sentir melhora na percepção e no controle muscular sem desconforto ou dor após 48 horas, aumente para duas séries de 10 repetições deste modo: contraia a vagina, a uretra e o ânus e mantenha a contração por 8 segundos. Solte e relaxe por 16 segundos. Repita o exercício até completar 10 repetições. Descanse 1 minuto e realize nova série de 10 repetições, totalizando duas séries de 10 movimentos, ou seja, 20 repetições.

Após dominar as duas séries de 10 repetições mantendo a contração adequada por 8 segundos, aumente para três séries de 10 movimentos, totalizando 30 repetições.

No início, você poderá sentir dificuldades para manter a contração pelo tempo indicado, mas com a prática conseguirá evoluir no controle dos seus movimentos e na capacidade de contração (tempo e força muscular).

O aumento de séries deve ocorrer aos poucos, sem desconforto ou dor após os exercícios. A posição inicial é deitada de costas, depois passe para as posturas sentada, em pé, semiagachada, agachada ou de cócoras.

O ideal é realizar esse exercício inicialmente uma vez ao dia. Conforme aumenta a força e o controle muscular, você poderá aumentar a frequência até para duas vezes ao dia.

Vamos evoluir?

Como fazer: contraia a vagina, a uretra e o **ânus** com toda a sua força (contrair 100% do que conseguir) e mantenha a contração por 10 segundos. Depois, solte e relaxe os músculos vaginais por 20 segundos. Repita esse processo até completar 10 repetições.

O aumento das séries deve ocorrer somente quando conseguir contrair e manter a contração pelos 10 segundos nas primeiras 10 repetições. Depois, aumente para duas séries de 10 repetições com 1 minuto de descanso entre elas. E posteriormente para três séries de 10 repetições com 1 minuto de descanso entre cada.

> *ATENÇÃO!*
> *Estimada leitora, se em algum momento você sentir cansaço, dificuldade ou desconforto, pare imediatamente o exercício e reinicie no dia seguinte. Na fase de aprendizado, é comum parar no meio da série sem completá-la.*
> *Recomendo parar de realizar o exercício diante do cansaço do que fazer de modo inadequado.*
>
> *Se sentir dor, é sinal de que pode ter ocorrido exageros ou a realização de modo errado. Reveja sua realização, respeite seu corpo e não evolua o número de séries enquanto sentir esse sintoma.*

DICA: com esse exercício, você consegue treinar também as manobras do pompoarismo tradicional de fechar, sugar e travar a vagina. Essas manobras serão descritas no capítulo de número 10.

> Não há necessidade *de manter a contração por mais de 10 segundos. De acordo com pesquisas internacionais e*

> nacionais, o resultado adquirido com um tempo maior **não agrega benefícios e funções.**
>
> *O tempo que você mantém seus músculos relaxados e o tempo de descanso entre cada série é tão importante quanto o tempo que você mantém a contração. Por isso, siga as instruções e respeite seu corpo.*

A partir do momento que você conseguir realizar adequadamente duas séries de 10 repetições desse exercício, poderá iniciar (acrescentar) o exercício número 06 e continuar na progressão e na evolução da série dos exercícios avançados.

Caso sinta cansaço ou dificuldade para completar a série, interrompa imediatamente. É muito importante não continuar os exercícios se sentir cansaço ou dor local.

8.4.2 Exercício 06

Nesse exercício, você trabalhará os músculos superficiais e profundos do assoalho pélvico.

Deitada de costas com os joelhos flexionados, contraia os músculos íntimos sentindo-os irem para dentro e para cima na região pélvica.

Figura 8.9 – Postura para a realização desse exercício

Fonte: a autora (2021)

Inicialmente, realize esse exercício na posição deitada, depois passe para sentada, em pé ou de cócoras.

Como fazer: contraia os músculos íntimos inicialmente com uns 30% da força de contração, mantenha a contração por 1 a 2 segundos sem soltar, contraia mais um pouco, chegando a 70% de força e mantenha a contração por 1 a 2 segundos sem soltar. Por último, contraia a musculatura com toda a sua força sem soltar, chegando à capacidade máxima de contração de 100%, e mantenha por 1 a 2 segundos.

Agora que você contraiu sua musculatura com sua capacidade máxima em três etapas, solte e relaxe por 10 segundos. Reinicie todo o processo com três etapas de contração crescente para depois relaxar. Descanse 10 segundos e repita novamente até completar 10 repetições.

Figura 8.10 – Exercício de número 06: como realizar as contrações e os relaxamentos

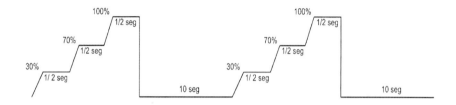

Fonte: Dell`Antônio; Pretti (2021)

Nesse exercício que simula a subida de degraus, você aprenderá a contrair os músculos vaginais usando diferentes graus de força muscular com controle subjetivo em porcentagem, como: 30%, 70% e 100% aproximadamente.

Caso sinta cansaço ou dificuldade para completar a série, interrompa imediatamente. É importante não continuar se houver cansaço ou dor local.

Somente após conseguir manter a contração pelo tempo proposto nas três etapas é que você poderá aumentar a série. Quando conseguir realizar 10 repetições desse exercício, aumente para duas séries de 10 repetições, totalizando 20 repetições, sempre descansando 1 minuto entre cada série.

Após o domínio de 20 repetições, aumente para três séries de 10 movimentos, totalizando 30 repetições. Descanse 1 minuto entre cada série.

ATENÇÃO!
Estimada leitora, se em algum momento você sentir cansaço, dificuldade ou desconforto, pare imediatamente o

exercício e reinicie no dia seguinte. Na fase de aprendizado, é comum parar no meio da série sem completá-la. Recomendo parar de realizar o exercício diante do cansaço do que fazer de modo inadequado.

No início, você poderá sentir dificuldades para manter a contração pelo tempo indicado, mas com a prática conseguirá evoluir no controle dos seus movimentos e na capacidade de contração (tempo e força muscular).

Aumente a quantidade de repetições somente se, ou quando, conseguir realizar os exercícios sem desconforto ou dor por 48 horas e mantendo a contração pelo tempo indicado.

A posição inicial é deitada de costas, podendo evoluir para as posturas sentada, em pé, semiagachada, agachada ou de cócoras.

Quer evoluir?

Se você quiser evoluir nesse exercício, mantenha a contração por mais tempo do que 3 segundos. Nesse caso, sugiro passar gradativamente para 4 segundos e, por fim, 5 segundos. Não mais do que isso. Mas lembre-se que é necessário fazer 10 segundos de descanso entre cada contração de três etapas.

Você também pode mudar a postura usada na realização do exercício; por exemplo, passar para as posturas sentada, em pé, semiagachada, agachada ou de cócoras.

Inicialmente, realize o exercício uma vez ao dia. Conforme for ganhando força e controle muscular aumente a frequência para até duas vezes ao dia.

DICA: com esse exercício você também pode treinar as manobras do pompoarismo tradicional de fechar, ordenha e travar.

A partir do momento que você conseguir fazer duas séries de 10 repetições desse exercício, poderá iniciar (acrescentar) o de número 07, e continuar na progressão e na evolução dos exercícios, sempre acrescentando o seguinte.

Caso sinta cansaço ou dificuldade para completar a série, interrompa imediatamente. É muito importante não continuar os exercícios se sentir cansaço ou dor local.

8.4.3 Exercício 07

Esse exercício trabalhará os músculos superficiais do assoalho pélvico. Não haverá o movimento de subir da uretra, da vagina e do ânus como ocorre na contração dos músculos profundos. Deitada de costas com os joelhos flexionados, contraia os músculos íntimos de modo a sentir a contração somente na entrada da vagina.

Inicialmente, realize esse exercício na posição deitada, depois passe para sentada, em pé, semiagachada, agachada ou de cócoras.

Figura 8.11 – Postura para a realização desse exercício

Fonte: a autora (2021)

Como fazer: deitada de costas, contraia e relaxe somente a entrada da vagina por cinco vezes seguidas e devagar. Descanse por 3 segundos e realize cinco contrações sustentadas por 3 segundos, mas com tempo de repouso também de 3 segundos entre cada movimento. Ao término, descanse 10 segundos e reinicie uma nova série até completar 10 repetições.

Figura 8.12 – Exercício de número 07: como realizar as contrações e os relaxamentos

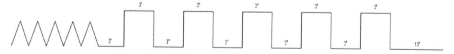

Fonte: Dell' Antônio; Pretti (2021)

Após dominar o exercício e conseguir realizar todas as repetições com eficiência, aumente para duas séries de 10 movimentos, totalizando 20 repetições. Lembre-se sempre de descansar 1 minuto entre cada série.

No início, você poderá sentir dificuldades para manter a contração pelo tempo indicado, mas com a prática conseguirá evoluir no controle dos seus movimentos e na capacidade de contração (tempo e força muscular).

Após dominar o exercício você poderá aumentar a quantidade de séries, passando para três séries de 10 movimentos, totalizando 30 repetições, com 1 minuto de descanso entre cada série.

> *ATENÇÃO!*
>
> *Estimada leitora, se em algum momento você sentir cansaço, dificuldade ou desconforto, pare imediatamente o exercício e reinicie no dia seguinte. Na fase de aprendizado, é comum parar no meio da série sem completá-la. Recomendo parar de realizar o exercício diante do cansaço do que fazer de modo inadequado.*
>
> *O aumento de séries deve ocorrer aos poucos, sem desconforto ou dor após a realização dos exercícios. Se sentir que não está conseguindo concluir com êxito todas as repetições, não aumente a quantidade de séries.*
>
> *Caso sinta cansaço ou dificuldade para realizar as séries, interrompa o exercício para evitar fazê-lo de modo inadequado. Respeite os limites do seu corpo.*

A posição inicial é deitada de costas. Com o domínio do exercício, você poderá evoluir para as posições: sentada, em pé, semiagachada, agachada ou de cócoras.

Quer evoluir?

Aumente o tempo de contração para 5 segundos. Relaxe e descanse 3 segundos, contraia e mantenha a contração por 5 segundos, solte e relaxe por 3 segundos, assim sucessivamente até completar 10 repetições.

Inicialmente, realize 10 repetições. Aos poucos e com o domínio, você poderá evoluir para duas séries de 10 repetições e descansar por 1 minuto entre cada série. Após o domínio, aumente para três séries de 10 repetições, sempre com 1 minuto de descanso entre cada série.

Esse exercício pode ser realizado inicialmente uma vez ao dia. Conforme sentir aumento da força e do controle muscular poderá realizá-lo até duas vezes ao dia.

DICA: com esse exercício você também pode treinar as manobras do pompoarismo tradicional de fechamento, sugar, chupitar e morder.

Quando você conseguir realizar adequadamente duas séries de 10 repetições desse exercício, poderá iniciar (acrescentar) o exercício de número 08 e continuar na progressão e na evolução dos exercícios atuais, mas com o acréscimo no seguinte.

Caso sinta cansaço ou dificuldade para completar a série, interrompa imediatamente. É muito importante não continuar os exercícios se sentir cansaço ou dor local.

Muitas mulheres sentirão grande satisfação na vida sexual e uma considerável melhora em sua saúde íntima com a prática desses exercícios sem a necessidade do uso dos acessórios que abordarei no próximo capítulo.

> *A satisfação na vida íntima com esses exercícios é individual, pois depende de cada mulher, das suas histórias emocional e física.*

Muitas mulheres terão grandes benefícios em sua vida íntima com a realização dos exercícios ensinados e praticados até aqui, sem a necessidade de usar acessórios com aumento de cargas que irei ensinar no próximo capítulo.

> *Essa informação precisa estar muito clara para você, mulher, não se sentir "obrigada" a realizar exercícios com carga para ter saúde e sentir prazer. A escolha de cada exercícios ou uso de acessórios é individual e torna-se mais assertiva se você estiver com acompanhamento de um profissional fisioterapeuta que atua na área pélvica. Vamos ao próximo capítulo, o uso dos acessórios!*

Capítulo 9

EXERCÍCIOS COM USO DE ACESSÓRIOS

Muitas mulheres observarão uma melhora na sua vida e na saúde íntima somente com a realização dos exercícios vaginais descritos no capítulo 8. Outras, no entanto, por não conseguirem contrair adequadamente os músculos vaginais, precisarão melhorá-los com o auxílio do exercício número 01, descrito no capítulo 7.

Se você não conseguir realizar os exercícios propostos no capítulo 8, busque a ajuda de um fisioterapeuta pélvico, que além de verificar o estado de saúde dos seus músculos íntimos também a ensinará a realizar os movimentos de modo adequado e eficaz.

As mulheres que conseguiram realizar alguns, ou todos, os exercícios do capítulo 8, podem iniciar o uso dos acessórios com os exercícios como será descrito neste capítulo.

Entre os acessórios indicados para melhorar a saúde dos músculos íntimos, estão os vibradores. Sim, acredite, eles podem ser os melhores amigos de uma mulher no quesito saúde e prazer.

Atualmente, existem várias pesquisas nacionais e internacionais que comprovam os efeitos positivos do uso de vibradores para a melhora da saúde dos músculos íntimos, do aprendizado da contração e do relaxamento local, assim como da sensibilidade e do controle muscular.

Para as mulheres que não conseguem movimentar seus músculos íntimos adequadamente, o uso de vibradores é uma boa opção. Antes de iniciar os exercícios e o uso dos demais acessórios, volte ao capítulo 7 e siga minhas dicas de uso no exercício de número 01.

A seguir, passarei exercícios para serem realizados com vibradores, com a opção de usar dilatadores, uma vez que esses acessórios são compridos e contribuem para o treinamento caso a mulher já os tenha em seu domicílio.

Os vibradores servem também para fortalecer os músculos íntimos, afinal o formato deles é semelhante ao de um pênis, o que ajuda muito na aquisição do controle necessário para as manobras do pompoarismo tradicional.

Os dilatadores Peridell® são indicados por serem macios, anatômicos e terem um cabo que facilita o manuseio e a visualização durante as contrações e os relaxamentos, facilitando o aprendizado e o controle muscular.

Outro acessório que irá contribuir muito na fase de aprendizado dos exercícios é o cone educador Peridell®. Esse cone tem uma haste que tem grande variação na posição e facilita a visualização dos movimentos. Quando a mulher contrai os músculos íntimos corretamente, a haste desce, e quando ela relaxa os músculos locais, a haste sobe, retornando à posição de origem.

> *Estimada leitora, a partir de agora você realizará os exercícios com o uso dos acessórios de sua escolha. Vou passar dicas para usar os vibradores, cones e bolinhas.*
>
> *Vamos lá!*

9.1 EXERCÍCIOS COM O USO DOS VIBRADORES (OU DILATADORES)

9.1.1 Exercício 08

Inicialmente, realize esse exercício sentada no chão ou na beirada da cadeira para que o cabo do vibrador (ou dilatador) fique livre no ar. Com o tempo, você poderá evoluir realizando o exercício nas posturas em pé, semiagachada, agachada ou de cócoras.

Figura 9.1 – Postura para a realização desse exercício

Fonte: a autora (2021)

Se você usar um vibrador (ou dilatador) para esse exercício, recomendo cuidado para não se machucar com a cadeira. É preciso sentar na beirada para que o acessório não encoste no assento e a machuque.

Como fazer: empurre o vibrador (ou dilatador) para introduzi-lo na vagina ao mesmo tempo em que tenta impedi-lo de entrar contraindo fortemente os músculos íntimos por 3 segundos. Após esse tempo, relaxe os músculos e descanse por 3 segundos. Depois, contraia novamente por 3 segundos, impedindo o vibrador de entrar no canal vaginal e descanse por 3 segundos, assim sucessivamente até completar uma série de 10 repetições.

Aqui, você oferecerá resistência para a entrada do vibrador com os músculos íntimos ao mesmo tempo em que empurra o vibrador com a mão para entrar no canal vaginal.

Figura 9.2 – Exercício de número 08: como realizar as contrações e os relaxamentos

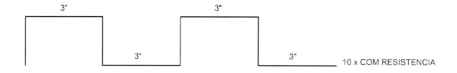

Fonte: Dell`Antônio; Pretti (2021)

Repita esses movimentos até um total de 10 repetições. Sempre realizar resistência por 3 segundos e descansar também por 3 segundos.

Vamos evoluir?

Se você consegue manter a contração da vagina durante 3 segundos para não deixar entrar o acessório sem perda da força na contração, poderá evoluir o exercício realizando duas séries de 10 repetições, com 1 minuto de descanso entre cada série.

Depois poderá evoluir para três séries de 10 repetições, totalizando, no máximo, 30 repetições. Esse exercício deve ser realizado somente uma vez ao dia e em dias alternados.

ATENÇÃO!

> Estimada leitora, se em algum momento você sentir cansaço, dificuldade ou desconforto, pare imediatamente o exercício e reinicie no dia seguinte. Na fase de aprendizado, é comum parar no meio da série sem completá-la. Recomendo parar de realizar o exercício diante do cansaço do que fazer de modo inadequado.

Quando conseguir fazer adequadamente duas séries de 10 repetições, poderá iniciar (acrescentar) o exercício de número 09 e continuar na progressão e na evolução dos exercícios atuais, mas com o acréscimo do seguinte.

Para esse exercício, indico o uso de qualquer vibrador ou dilatador, pois ele não será introduzido na vagina.

DICA: com esse exercício você consegue treinar a manobra do pompoarismo tradicional de fechamento vaginal.

Caso sinta cansaço ou dificuldade para completar a série, interrompa imediatamente. É muito importante não continuar os exercícios se sentir cansaço ou dor local.

9.1.2 Exercício 09

Esse exercício deve ser realizado na posição sentada, podendo evoluir para outras posturas, como em pé, semiagachada, agachada ou de cócoras.

Figura 9.3 – Postura para a realização desse exercício

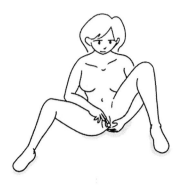

Fonte: a autora (2021)

Como fazer: introduza o vibrador (ou dilatador) com um pouco de lubrificante dentro do canal vaginal, deixando-o com uns 6 cm de profundidade. Agora, puxe-o levemente com a mão para retirá-lo de dentro da vagina ao mesmo tempo em que contrai os músculos íntimos para não o deixar sair, mantendo o vibrador dentro do canal vaginal por 3 segundos.

Após esse tempo, relaxe por 3 segundos e descanse também por 3 segundos. Repita o exercício até completar 10 repetições.

Ele é semelhante ao exercício anterior, porém agora a contração sustentada por 3 segundos é realizada para não deixar o acessório sair do canal vaginal.

Figura 9.4 – Exercício de número 09: como realizar as contrações e os relaxamentos

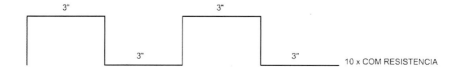

Fonte: Dell Antônio; Pretti (2021)

Vamos evoluir?

Para evoluir, é necessário que você consiga manter a contração da vagina durante 3 segundos para não deixar sair o acessório, sem perda da força na contração.

Ao dominar o exercício, aumente para duas séries de 10 repetições, com total de 20 repetições. Lembre-se de fazer 1 minuto de descanso entre cada série.

Depois, você poderá evoluir para três séries de 10 repetições, totalizando, no máximo, 30 repetições. Esse exercício deve ser realizado somente uma vez ao dia e em dias alternados.

ATENÇÃO!

Estimada leitora, se em algum momento você sentir cansaço, dificuldade ou desconforto, pare imediatamente o exercício e reinicie no dia seguinte. Na fase de aprendizado, é comum parar no meio da série sem completá-la.

Recomendo parar de realizar o exercício diante do cansaço do que fazer de modo inadequado.

A partir do momento que você conseguir realizar adequadamente duas séries de 10 repetições, poderá iniciar (acrescentar) o exercício de número 10 e continuar a progressão e a evolução dos exercícios com o acréscimo do seguinte.

Para esse exercício, indico o uso de vibradores com comprimento igual ou superior a 8 cm e dilatadores com cabo para conseguir puxar o acessório para fora do canal vaginal enquanto realiza as contrações para segurá-lo.

O vibrador deve ser usado ora ligado, ora desligado, pois isso contribui para a melhora da sensibilidade e do controle muscular local.

Uma dica: use vibradores com pelo menos 8 cm de comprimento, assim você conseguirá segurá-lo com a mão e terá melhor controle dos movimentos de empurrar e puxar, além de trabalhar a região profunda dos músculos íntimos.

Para você evoluir o exercício, mude para outras posturas: em pé, semiagachada, agachada ou de cócoras. Muitas mulheres não sentirão necessidade de usar todas as posições para atingir a satisfação na saúde íntima e no prazer.

DICA: com esse exercício, você consegue treinar as manobras do pompoarismo tradicional de sugar e travar a vagina.

Caso sinta cansaço ou dificuldade para completar a série, interrompa imediatamente. É muito importante não continuar os exercícios se sentir cansaço ou dor local.

Os próximos exercícios exigirão muito controle muscular, força e coordenação pélvicas, que você já deve ter adquirido com a realização de todos os exercícios até aqui propostos.

Não são todas as mulheres que terão necessidade de realizar os exercícios nas posturas semiagachada, agachada ou de cócoras. Para muitas, os exercícios dos capítulos 8 e 9, vistos até aqui, já terão sido suficientes para a conquista da saúde muscular local e dos benefícios durante as práticas sexuais.

Nesses exercícios, a vibração e o formato do vibrador fazem muita diferença, pois o uso desse acessório não tem apenas a finalidade de vibrar, o próprio formato do produto é importante para o exercício.

> *Ensinei dois exercícios com o uso de vibradores, ou dilatadores, que a ajudarão a adquirir força, coordenação e destreza com seus músculos íntimos, visando ao seu domínio muscular e a uma melhor performance nas práticas sexuais.*
>
> *Esses acessórios irão ajudar no controle muscular prévio, já que são objetos de comprimento e circunferência semelhantes a um* pênis de tamanho mediano.

A seguir, indicarei exercícios para serem realizados com cones e bolinhas vaginais.

> *Vamos lá!*

9.2 EXERCÍCIOS COM O USO DE CONES E BOLINHAS

São pequenas cápsulas feitas de materiais resistentes e com pesos que, ao serem inseridas no canal vaginal, proporcionam o estímulo necessário para a mulher contrair a musculatura do assoalho pélvico de modo fisiológico, com aumento da força, da resistência, da percepção e da coordenação local.

A escolha dos cones ou das bolinhas é exclusivamente da preferência da mulher, ou do profissional que a acompanha.

> *Leitora, anteriormente ensinei exercícios para serem realizados com vibradores e dilatadores. Agora, ensinarei com cones e bolinhas. Mas preciso lembrar que os efeitos fisiológicos que o formato de um vibrador promove são diferenciados dos efeitos desses pequenos acessórios.*

Os cones e as bolinhas são usados há muito tempo na fisioterapia pélvica e no pompoarismo tradicional, e realmente contribuem muito para a saúde íntima e para o prazer sexual quando utilizados de modo adequado.

Seguem algumas observações importantes sobre o uso desses acessórios.

Pesquisadores na área da fisioterapia observaram que os cones e as bolinhas vaginais com pesos progressivos (como os cones e as bolinhas da Linha Peridell®) propiciam ganho de força e de resistência muscular, pois estimulam o trabalho das fibras locais, que devem suportar o peso desses acessórios. Você deve usar um peso que seja confortável para o seu organismo.

Quando dentro do canal vaginal, promovem uma ação reflexa e automática dos músculos locais, que rapidamente são estimulados para restabelecer o tônus muscular, promovendo maior conscientização perineal.

Esses efeitos variam de acordo com a genética e o organismo da mulher, e também serão diferentes naquelas com lesões preexistentes.

Basicamente, os cones e as bolinhas com pesos progressivos permitem o fortalecimento muscular crescente e uma melhora na sensibilidade e na percepção dos movimentos de contração e de relaxamento do assoalho pélvico. Nesses casos, esses acessórios aumentam a propriocepção e a coordenação motora consciente e voluntária, além da contração em diferentes intensidades e velocidades.

Com o aumento da força muscular, a mulher conseguirá contrair melhor a vagina durante as práticas sexuais e isso irá interferir diretamente na capacidade de sentir melhor os estímulos nas paredes vaginais, com maior prazer para ela e sua parceria.

9.2.1 Indicações sobre o uso de cones e bolinhas

Vou dar algumas dicas para ajudá-la a escolher o acessório mais adequado para o fortalecimento dos seus músculos íntimos.

- **Acessórios mais leves, estreitos e menores** – Indicados para mulheres que estão iniciando a prática dos exercícios vaginais, que apresentam vagina menor ou que têm pouca flacidez local.

- **Acessórios mais pesados, grossos e maiores** – Indicados para mulheres que desejam ganhar mais força muscular, têm vagina maior ou moderada ou acentuada flacidez local.

9.2.2 Como escolher o peso dos acessórios

É importante determinar a carga adequada para cada mulher de acordo com o estado muscular. Os cones ou as bolinhas vaginais ideais são aqueles que permanecem na vagina enquanto a mulher contrai os músculos íntimos. Eles podem ficar no canal vaginal, nesse primeiro momento, de 3 a 10 segundos sem deslocamento ou queda.

Faça o seguinte teste para saber qual é o peso ideal para você iniciar, ou evoluir, nos exercícios com pesos.

1. O acessório estará muito leve se a mulher, ao ficar em pé, não sentir peso nenhum, ou se o acessório permanecer parado na vagina mesmo que ela não esteja contraindo os músculos vaginais. Outro modo de perceber que o acessório está leve é se a mulher consegue segurá-lo contraindo a vagina por mais de 10 segundos sem cair ou deslocar-se. Isso indica que deve ser substituído por um mais pesado. Sempre aumente o peso de modo gradativo.

2. O acessório estará muito pesado se a mulher não conseguir segurá-lo na vagina por mais de 3 segundos ou se ele se deslocar no canal vaginal dentro desse tempo. Desse modo, é necessário trocar por um mais leve, substituindo-o pelo peso que o antecede.

> *Se, ao usar o acessório mais leve, você sentir que ainda está pesado para o seu corpo, recomendo voltar aos capítulos anteriores e ficar mais um tempo realizando os exercícios vaginais sem os acessórios. Depois de trinta a sessenta dias, faça o teste novamente. Repita esse processo até perceber que o acessório está no peso certo para você.*

Figura 9.5 – Imagem com a postura para o teste da escolha do acessório

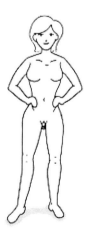

Fonte: a autora (2021)

9.2.3 Posturas para a colocação dos acessórios

Para a inserção dos cones ou da bolinhas vaginais, a mulher pode usar as seguintes posições: deitada com as pernas afastadas, agachada ou sentada do modo de sua preferência, ou em pé com um dos pés apoiados em uma cadeira ou apoio.

O acessório deve ser inserido de modo que o cordão fique para baixo e para fora do canal vaginal. O dedo médio pode servir de guia empurrando-o para cima até alcançar a profundidade média de 3 a 4 cm. Jamais deixe o acessório na entrada vaginal, quase saindo.

O cone educador não apresenta cordão e, sim, uma haste rígida. Por isso, é necessário ter cuidado ao escolher algumas posições para não se machucar.

Se o acessório não estiver suficientemente fundo e bem encaixado, os MAP o empurrarão para baixo, tornando o exercício ineficaz.

Figura 9.6 – Posturas que facilitam a colocação dos acessórios

Fonte: a autora (2021)

Após a inserção do acessório escolhido, deve-se usar uma calcinha para evitar que ele caia acidentalmente no chão, sobretudo para iniciantes.

Com o uso do cone educador, não é possível fazer uso de uma roupa íntima durante os exercícios porque esse produto tem uma haste rígida.

9.2.4 Posturas para os exercícios com o uso dos pesos

Recomendo que você inicie o fortalecimento dos seus músculos íntimos, inserindo os acessórios com peso na posição deitada, com joelhos flexionados e as plantas dos pés apoiadas no chão.

Conforme você adquire domínio dos exercícios, poderá evoluir para outra postura, que exige mais controle dos músculos do assoalho pélvico, como sentada, em pé, semiagachada, agachada ou de cócoras.

Caso ocorra queda ou deslocamento durante o treinamento com o uso do acessório mais leve em relação aos pesos, suspenda os exercícios com acessórios. Isso indica que os músculos íntimos ainda estão enfraquecidos para realizar os exercícios com *esses acessórios.*

O deslocamento ou a queda do acessório durante os exercícios indica que há fraqueza muscular e que os músculos ainda não estão preparados para trabalhar com pesos. Isso quer dizer que seus músculos pélvicos precisam de mais estímulos por meio dos exercícios de contração e relaxamento ensinados anteriormente neste livro.

Futuramente, será preciso que você realize um novo teste para identificar o peso ideal do acessório e saber se seus músculos já estão preparados para iniciar o treinamento com o acessório de peso escolhido.

O uso dos acessórios com pesos progressivos é muito importante para a aquisição de força muscular, resistência e coordenação, mas não são todas as mulheres que necessitam de seu uso para adquirirem melhora da saúde local e do prazer nas práticas sexuais. Muitas já se beneficiarão somente com a prática dos exercícios dos capítulos 7 e 8.

9.2.5 Exercícios com contrações vaginais com o uso dos acessórios

Só realize esses exercícios se já tiver adquirido domínio das contrações rápidas e sustentadas que você aprendeu ao realizar os exercícios de números 02 a 07 do capítulo 8.

Aqui, algumas mulheres podem ter usado o cone educador na fase inicial para o aprendizado, já que ele favorece a percepção dos movimentos e facilita a evolução no aprendizado. Mas tudo que ensinei anteriormente foi usar esse produto sem evolução dos pesos, como um produto que favorece a percepção.

A partir de agora, a mulher poderá usar o cone educador Peridell® como um acessório que a levará a evoluir nos exercícios com o aumento progressivo de cargas em gramaturas, semelhantemente ao uso de outros cones e bolinhas, mas com a possibilidade de ter sempre um *feedback* dos movimentos realizados por conta de haver a haste.

Nesse momento, posso afirmar que esse produto em questão contribui muito no processo de aprendizado e evolução na ginástica íntima.

Desde o início dos exercícios deste livro, a mulher poderá estar apta a iniciar a ginástica íntima com os acessórios e evoluir com pesos em um período médio entre 60 e 120 dias aproximadamente.

Por isso, é importante seguir corretamente a fase inicial dos exercícios para chegar no processo dos exercícios avançados com adequada estrutura muscular para ter eficiência na realização dos movimentos e, assim, progredir na saúde local.

> *O tempo praticado dos exercícios sem peso* é importante *para a evolução e para o domínio muscular, preparando adequadamente os músculos íntimos para o início do uso dos acessórios com peso. O tempo citado não é uma regra, afinal vai depender de cada mulher. A genética, a saúde ou uma lesão muscular local, bem como o domínio e a assiduidade na realização dos exercícios, varia de mulher para mulher e interferem no processo de aprendizado e evolução.*

Recomenda-se apenas o uso de um acessório ao dia e a realização de um intervalo de um dia para repouso, ou seja, não use acessórios diariamente.

Vamos iniciar o treinamento com os acessórios!

9.2.6 Exercício 10

Inicialmente, realize o exercício deitada, depois passe para sentada, em pé, semiagachada e, se necessário, passe para agachada ou de cócoras.

Figura 9.7 – Postura para a realização desse exercício

Fonte: a autora (2021)

Após escolher o acessório e inseri-lo uns 3 a 4 cm de profundidade no canal vaginal, deite-se com os joelhos flexionados (inicialmente) e contraia e relaxe toda a musculatura da vagina.

Como fazer: contraia a vagina, a uretra e o ânus com o acessório dentro do canal vaginal, contraia e relaxe os músculos íntimos devagar por 10 vezes. Nesse exercício, ocorre a contração dos músculos superficiais e profundos até completar 10 repetições, devagar.

Figura 9.8 – Exercício de número 10: como realizar as contrações e os relaxamentos

Fonte: Dell`Antônio; Pretti (2021)

Vamos evoluir?

Após dominar esse exercício, você pode progredir aumentando para duas séries de 10 repetições deste modo: com o cone ou a bolinha no canal vaginal, contraia e relaxe a vagina devagar e sucessivamente até completar 10 repetições. Descanse por 1 minuto e realize uma nova série de 10 repetições de contrações e relaxamentos, em um total de 20 repetições.

Após dominar os movimentos e observar que não houve deslocamento ou queda do acessório, aumente para três séries de 10 movimentos, totalizando 30 repetições, uma vez ao dia.

> ATENÇÃO!
> Estimada leitora, se em algum momento você sentir cansaço, dificuldade ou desconforto, pare imediatamente o exercício e reinicie no dia seguinte. Na fase de aprendizado, é comum parar no meio da série sem completá-la. Recomendo parar de realizar o exercício diante do cansaço do que o fazer de modo inadequado.

Você evoluirá ainda mais mudando a postura em sua realização para: sentada, em pé, semiagachada, agachada ou de cócoras, progressivamente.

Caso haja deslocamento ou queda do acessório, pare imediatamente o exercício e recomece em outro dia com o mesmo peso e o mesmo tempo de contração, até o acessório permanecer no local.

DICA: com esse exercício, você consegue treinar a manobra do pompoarismo tradicional de pulsar a vagina.

Quando conseguir realizar duas séries de 10 repetições, inicie (acrescente) o exercício de número 11 e continue na progressão e na evolução dos exercícios atuais, mas com o acréscimo do seguinte.

9.2.7 Exercício 11

Inicialmente, realize esse exercício com o uso do acessório na postura deitada, depois passe para sentada, em pé, semiagachada, agachada ou de cócoras.

Figura 9.9 – Postura para a realização desse exercício

Fonte: a autora (2021)

Como fazer: deitada, com os joelhos flexionados, contraia a vagina, a uretra e o ânus com o acessório no canal vaginal e mantenha a contração por 3 segundos, solte e descanse por 3 segundos, e assim sucessivamente até completar 10 repetições.

Figura 9.10 – Exercício de número 11: como realizar as contrações e os relaxamentos

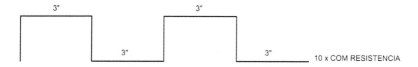

Fonte: Dell'Antônio; Pretti (2021)

Vamos evoluir?

Após dominar esse exercício, aumente para duas séries de 10 repetições deste modo: contraia a vagina e mantenha a contração por 3 segundos, solte e relaxe por 3 segundos, e assim sucessivamente até completar 10 repetições.

Após as 10 repetições, descanse por 1 minuto e inicie uma nova série de 10, totalizando duas séries de 10 repetições, ou seja, 20 repetições.

Após o domínio desse exercício e observar que não houve deslocamento ou queda do acessório, aumente para três séries de 10 repetições, totalizando 30 repetições.

> *ATENÇÃO!*
> *Estimada leitora, se em algum momento você sentir cansaço, dificuldade ou desconforto, pare imediatamente o exercício e reinicie no dia seguinte. Na fase de aprendizado, é comum parar no meio da série sem completá-la. Recomendo parar de realizar o exercício diante do cansaço do que fazer de modo inadequado.*

Depois de realizar as três séries de 10 repetições, você poderá evoluir no exercício com mudança de postura. Com a nova postura que você escolher, volte para a fase inicial de 10 repetições, aumentando progressivamente para 20 e 30 repetições ao dia.

Vamos evoluir?

Quando sentir que domina o exercício na postura em pé sem deslocamento do acessório, aumente o tempo de contração para 5 segundos e descanse também por 5 segundos.

Deste modo: contraia e mantenha a contração por 5 segundos, solte e relaxe por 5 segundos, e assim sucessivamente até completar 10 repetições. Evolua para duas séries de 10 repetições e após o domínio, aumente para três séries de 10 movimentos, totalizando 30 repetições realizadas uma vez ao dia. Lembre-se de descansar 1 minuto entre cada série.

Evolua o exercício aumentando o tempo de contração e de repouso de 5 segundos para 7 segundos de contrações e relaxamentos e, posteriormente, aumente o tempo de contração até, no máximo, 10 segundos.

O tempo de contração sempre será o mesmo tempo do repouso, e o tempo de descanso entre cada série será sempre de 1 minuto.

Caso o acessório se desloque ou caia, pare imediatamente o exercício e recomece em outro dia com o mesmo peso, até ele permanecer no local pelo tempo máximo de 10 segundos de contração vaginal.

DICA: com esse exercício, você consegue treinar as manobras do pompoarismo tradicional de fechar, sugar, pulsar e travar a vagina.

Com a evolução no tratamento e na melhora da sua saúde íntima, você poderá escolher os exercícios de sua preferência para realizá-los uma vez por semana. Assim, manterá seus músculos íntimos saudáveis e estará satisfeita em sua vida sexual.

Caso sinta cansaço ou dificuldade para completar a série, interrompa imediatamente. É muito importante não continuar os exercícios se sentir cansaço ou dor local.

9.2.8 Exercício 12

Nesse exercício, você trabalhará os músculos superficiais e profundos do assoalho pélvico.

Após escolher o acessório e inseri-lo uns 3 a 4 cm de profundidade no canal vaginal, deite-se com os joelhos flexionados (inicialmente), depois passe para sentada, em **pé ou de cócoras.**

Figura 9.11 – Postura para a realização desse exercício

Fonte: a autora (2021)

Como fazer: contraia os músculos íntimos com o acessório dentro do canal vaginal, inicialmente com uns 30% da força de contração. Mantenha a contração por 1 a 2 segundos sem soltar, contraia mais um pouco, chegando a 70% de força, e mantenha a contração por 1 a 2 segundos sem soltar. Por último, contraia a musculatura com toda a sua força sem soltar, chegando à capacidade máxima de contração de 100%, e mantenha por 1 a 2 segundos.

Agora que você contraiu sua musculatura com sua capacidade máxima em três etapas, solte e relaxe por 10 segundos. Reinicie todo o processo com três etapas de contração crescente para depois relaxar. Descanse 10 segundos e repita novamente até completar 10 repetições.

Figura 9.12 – Exercício de número 12: como realizar as contrações e os relaxamentos

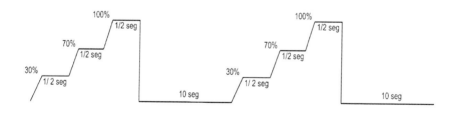

Fonte: Dell'Antônio; Pretti (2021)

Nesse exercício, que simula a subida de degraus, você aprenderá a contrair os músculos vaginais usando diferentes graus de força muscular com controle subjetivo em porcentagem, como: 30%, 70% e 100% aproximadamente.

Caso sinta cansaço ou dificuldade para completar a série, interrompa imediatamente. É importante não continuar se houver cansaço ou dor local.

Quando conseguir realizar 10 repetições desse exercício, aumente para duas séries de 10 repetições, totalizando 20 repetições, sempre descansando 1 minuto entre cada série.

Após o domínio de 20 repetições, aumente para três séries de 10 movimentos, totalizando 30 repetições. Descanse 1 minuto entre cada série.

> *ATENÇÃO!*
> *Estimada leitora, se em algum momento você sentir cansaço, dificuldade ou desconforto, pare imediatamente o exercício e reinicie no dia seguinte. Na fase de aprendizado, é comum parar no meio da série sem completá-la.*
> *Recomendo parar de realizar o exercício diante do cansaço do que fazer de modo inadequado.*

No início, você poderá sentir dificuldade para manter a contração pelo tempo indicado, mas com a prática conseguirá evoluir no controle dos seus movimentos e na capacidade de contração (tempo e força muscular).

Aumente a quantidade de repetições somente se, ou quando, conseguir realizar os exercícios sem desconforto ou dor por 48 horas e mantendo a contração pelo tempo indicado.

A posição inicial é deitada de costas, podendo evoluir para as posturas sentada, em pé, semiagachada, agachada ou de cócoras.

Quer evoluir?

Se você quiser evoluir nesse exercício, mantenha a contração por mais tempo do que 3 segundos. Nesse caso, sugiro passar gradativamente para 4 segundos e, por fim, 5 segundos. Não mais do que isso. Mas lembre-se que é necessário fazer 10 segundos de descanso entre cada contração.

Inicialmente, realize o exercício uma vez ao dia. Conforme for ganhando força e controle muscular, aumente a frequência para até duas vezes ao dia.

DICA: com esse exercício, você também pode treinar as manobras do pompoarismo tradicional de fechar, sugar, ordenhar e travar.

Caso sinta cansaço ou dificuldade para completar a série, interrompa imediatamente. É muito importante não continuar os exercícios se sentir cansaço ou dor local.

9.3 COMO EVOLUIR COM O AUMENTO DOS PESOS?

Após realizar com domínio os exercícios com acessórios de peso, você poderá evoluir no aumento da gramatura dos cones ou das bolinhas progressivamente para o peso seguinte, seja com qual produto você escolheu e a marca.

> *Existem vários tipos diferentes de cones e bolinhas nos mercados nacional e internacional e há variações nos pesos. O importante é você escolher um acessório adequado para seu corpo e iniciar com a gramatura menor que faz parte do produto. Conforme você evolui nos exercícios, você mudará o peso sempre para o próximo em gramaturas da marca escolhida.*
> *Poderá haver alterações nas escolhas dos pesos em gramaturas de acordo com a indicação do profissional que a acompanha.*

Ao substituir o peso, você deve iniciar com uma série de 10 repetições do exercício de número 10, e somente quando já dominar a realização de duas séries de 10 repetições é que irá incluir o exercício de número 11, e assim por diante.

Esse aumento gradativo pode levar meses, pois cada corpo responde de um modo, em um tempo.

Precisa evoluir novamente no peso? Aumente a gramatura e reinicie novamente pelo exercício de número 10. Com o tempo, incluía o exercício de número 11 e após o de número 12, sucessivamente com esse novo peso, e com os próximos e mais pesados.

Lembre-se de que mudar de posições também exige dos seus músculos íntimos maior controle e resistência e contribui na evolução do tratamento sem aumentar o peso (gramatura).

Escolha o modo que você preferir para evoluir, seja no exercícios, no aumento de peso ou na mudança de postura.

Algumas mulheres podem optar pela evolução dos exercícios com pesos progressivos somente nas posturas deitada, sentada e em pé. E está tudo bem! O importante é que a mulher sinta a melhora nos sintomas que alteraram sua saúde local, nas queixas sexuais e em seu bem-estar. Após aprender todas as informações e os exercícios ensinados até aqui, peço que desenvolva o seu método, a sua prática e as suas preferências.

Mas, por favor, siga as instruções e as orientações que são importantes para manter e melhorar sua saúde íntima!

Não são todas as mulheres que poderão usar os acessórios com pesos para o aumento da força muscular local, por isso preste atenção nas contraindicações que seguem.

9.4 CONTRAINDICAÇÕES DO USO DOS ACESSÓRIOS COM PESOS E DESCONFORTO

Os cones e bolinhas vaginais com peso são contraindicados nos seguintes casos:

- Sentir dor e desconforto na relação sexual ou no canal vaginal.
- Apresentar fraqueza muscular acentuada.
- Ter prolapsos genitais moderados e graves.
- Estiver no período menstrual.
- Tiver alguma inflamação ou infecção local.

Recomendo conversar com seu médico e/ou fisioterapeuta caso tenha dúvidas quanto a sua situação física local e antes do uso de acessórios nos casos de gravidez, uso de diafragmas, pessários e tampões.

Os 12 exercícios ensinados neste livro contribuirão com a saúde íntima e no caso de alguns sintomas comuns entre as mulheres, como:

- Prisão de ventre/constipação (dificuldade em defecar).
- Incontinência urinária (perda involuntária de urina).
- Diminuição do desejo sexual (libido).

- Diminuição da lubrificação vaginal.
- Gases vaginais.
- Sensação de vagina frouxa.
- Outros.

> *Estimada leitora, esses exercícios não substituem o tratamento de saúde e o acompanhamento com o médico ginecologista, urologista e fisioterapeuta pélvico para prevenir, manter e adquirir saúde íntima.*
> *Eles serão aliados!*

Capítulo 10

AS MANOBRAS BÁSICAS DO POMPOARISMO TRADICIONAL

O pompoarismo é uma técnica de mais de 3.000 anos que visa à melhora da função sexual das mulheres, ou seja, uma *performance* sexual.

Essa filosofia atua por meio da realização de alguns exercícios e técnicas que proporcionam destreza e habilidades para a mulher realizar algumas manobras durante o ato sexual, que enlouquecem o homem na cama, além de lhe proporcionar prazer, satisfação e controle.

A seguir, você aprenderá oito movimentos diferentes que será capaz de realizar assim que dominar alguns exercícios deste livro.

> *Estimada leitora, preciso informar que estudei vários autores e documentos. Alguns cito na bibliografia desta obra, sobre as manobras do pompoarismo tradicional, e percebi que algumas manobras são muito parecidas entre si. Já outras podem até prejudicar seus músculos íntimos, de acordo com as pesquisas nas áreas de medicina e fisioterapia.*
>
> *Fiz uma seleção de oito manobras que beneficiam a sexualidade da mulher e do casal.*

O objetivo deste livro é ensinar exercícios eficazes para o fortalecimento dos músculos íntimos com base em evidências científicas. Sendo assim, selecionei as manobras do pompoarismo tradicional que contribuem para a *performance* sexual da mulher e que podem ser desenvolvidas e realizadas com a prática dos exercícios aqui ensinados nos capítulos anteriores.

Você poderá encontrar, em outras referências, algumas manobras do pompoarismo tradicional com nomes diferentes dos que você encontra aqui, e até realizadas de modo diferente do que ensinarei. Isso tudo reflete exatamente como o pompoarismo tradicional é, ou seja, uma filosofia sem comprovação científica, com definições e práticas variadas, realizadas de modos diferentes e de acordo com cada profissional e pessoa.

Essas manobras básicas serão realizadas de modo eficaz durante as práticas sexuais somente após você adquirir força, controle, destreza e habilidades com os músculos íntimos por meio de treino e dos exercícios ensinados nos capítulos anteriores.

Algumas mulheres conseguirão realizar os exercícios e as manobras com facilidade, mas outras terão muita dificuldade e até impossibilidade de realizá-los.

Com o aprendizado dessas manobras, a mulher será capaz de estimular a si mesma e à sua parceria, proporcionando sensações inesquecíveis e prazerosas e adquirindo uma *performance* sexual diferenciada e com saúde íntima como consequência.

> *O pompoarismo é muito praticado no Brasil e, por isso, decidi informar sobre a correta maneira de praticá-lo, descartando o que não é saudável de acordo com pesquisas recentes. As pessoas precisam saber que o pompoarismo visa à performance sexual, diferentemente da fisioterapia, que atua na área pélvica, que visa à prevenção e à reabilitação da saúde íntima.*

10.1 AS MANOBRAS BÁSICAS DO POMPOARISMO

São oito movimentos realizados com os músculos íntimos que a mulher pode fazer individualmente, em algum momento de privacidade e concentração. Posteriormente, de acordo com o domínio que já tiver adquirido, poderá praticá-los durante as relações sexuais.

Recomendo que, antes de iniciar as manobras do pompoarismo no ato sexual, treine com um vibrador ou com uma prótese peniana nas posições que pretende usar nas práticas sexuais com seu parceiro ou parceira (nesse caso, você pode praticar os movimentos em um vibrador, em uma prótese ou outro objeto de sua escolha).

> *Leitora, cuidado com o objeto ou produto utilizado para esse fim. É preciso que seja feito de material adequado para uso interno no canal vaginal e com um lubrificante igualmente indicado.*

Aos poucos, seu organismo acostumar-se-**á** com os movimentos e com algo dentro do canal vaginal, o que facilitará o domínio durante as práticas sexuais.

> *Todas as mulheres conseguirão realizar as manobras básicas? A resposta é não!*
>
> *Nem todas as mulheres conseguirão fazer as manobras por vários fatores, entre eles: fraqueza muscular, parceiros grandes em estatura e em circunferência de pelve, ou diferenças anatômicas dos genitais.*

Com a prática de alguns dos exercícios ensinados neste livro, a mulher conseguirá realizar as manobras durante a relação sexual.

Como a técnica de pompoarismo tradicional é muito antiga e direciona seus ensinamentos para a mulher realizar manobras no órgão sexual masculino, vou usar a palavra pênis com frequência. Mas lembre-se de que ele pode ser substituído por dedos, próteses, vibradores ou outros objetos similares vendidos em lojas de *sex shop* para uso interno.

Vamos lá!

10.1.1 Primeira manobra – Revirginar ou fechamento vaginal

Nessa manobra, a mulher precisa contrair com força os músculos íntimos impedindo ou dificultando a penetração do pênis.

Toda vez que o pênis for entrar no canal vaginal, a mulher deve apertar a vagina para oferecer resistência à penetração, como se fosse "virgem". Assim, o pênis encontrará uma barreira para realizar a penetração e, quando conseguir, sentirá uma pressão, como se a mulher fosse bem fechadinha, apertada.

Para os homens, isso é muito prazeroso, pois eles sentem a pressão das paredes vaginais ao redor do pênis.

A mulher também tem prazer porque ela sente as fricções do pênis em suas paredes vaginais, o que lhe proporciona prazer e satisfação.

Figura 10.1 – Primeira manobra – Revirginar ou fechamento vaginal

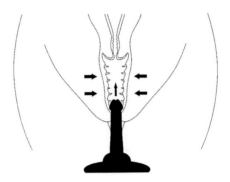

Fonte: Dell' Antônio; Pretti (2021)

10.1.2 Segunda manobra – Sugar

Deixe seus músculos relaxados e após a penetração do pênis no canal vaginal inicie a contração dos seus músculos íntimos durante o movimento de saída do pênis.

Quando o pênis entrar no canal vaginal, deixe seus músculos íntimos relaxados, e quando o pênis deslizar para sair do canal vaginal, contraia a vagina apertando-o.

Esse movimento é muito prazeroso para ambos, pois estimula todo o pênis do homem e as paredes laterais do canal vaginal da mulher.

Figura 10.2 – Segunda manobra – Sugar

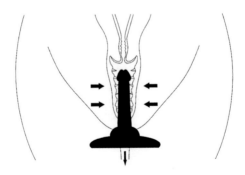

Fonte: Dell' Antônio; Pretti (2021)

10.1.3 Terceira manobra – Chupitar

Nessa manobra, a mulher movimenta os músculos vaginais somente na região da base do pênis, fazendo com que seus músculos vaginais abocanhem a sua base. Para a mulher, o movimento realizado pelos músculos íntimos é sentido na entrada da vagina.

Realize os movimentos de contração e de relaxamento somente com a entrada da vagina, criando um ritmo na força e na velocidade. Esse movimento é similar ao que é realizado pelos bebês quando sugam a chupeta com a boca ou quando estão mamando, por isso o nome é chupitar.

A mulher, ao movimentar os músculos superficiais da entrada da vagina, sente prazer e satisfação, pois também estimula o clitóris.

Já os homens adoraram sentir os movimentos de apertar e soltar na base do pênis, pois esses movimentos são muito agradáveis. Para alguns, pode ajudar no aumento do tempo para ejacular.

Figura 10.3 – Terceira manobra – Chupitar

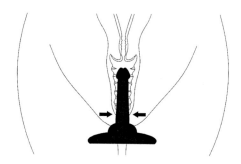

Fonte: Dell' Antônio; Pretti (2021)

10.1.4 Quarta manobra – Ordenhar

Essa manobra é muito semelhante ao movimento de chupar o pênis para dentro da vagina contraindo os músculos vaginais em etapas, atingindo toda a sua força ao final.

Nessa manobra, a mulher realiza contrações vaginais com variação da força muscular (30%, 70% e 100%), como se fosse uma ordenha no pênis.

Os homens sentem uma compressão progressiva em todo o pênis, com sensações prazerosas, tipo sucção. Para alguns, pode ajudar no controle da ejaculação e da ereção.

Para as mulheres, essa manobra proporciona prazer e estímulos no ponto G e no clitóris, além de aumentar a sensibilidade das paredes vaginais.

Figura 10.4 – Quarta manobra – Ordenhar

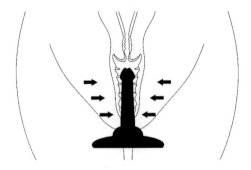

Fonte: Dell' Antônio; Pretti (2021)

10.1.5 Quinta manobra – Morder

Nessa manobra, a mulher deve contrair fortemente seus **músculos íntimos mais superficiais**, atingindo a base do pênis durante a penetração vaginal. Só que deve contrair e manter a contração por alguns segundos para depois relaxar, e assim sucessivamente.

Algumas mulheres contraem seus músculos íntimos na entrada da vagina e mant**êm** essa contração de 3 a 5 segundos, realizando esse movimento várias vezes, alternando na velocidade e na pressão.

Para alguns homens, essa manobra ajuda no controle da ejaculação, além de proporcionar muito prazer.

Para as mulheres, o domínio dessa contração e dos movimentos contribui no prazer e na satisfação.

Figura 10.5 – Quinta manobra – Morder

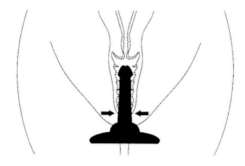

Fonte: Dell' Antônio; Pretti (2021)

10.1.6 Sexta manobra – Guilhotina, pulsar

Essa manobra parece com pulsações realizadas pela vagina com muita força e rapidez aplicadas em todo o pênis.

São movimentos vaginais de apertar e soltar, apertar e soltar com muita força, realizados rapidamente, podendo ter variação de pressão e de velocidade.

Para as mulheres, esses movimentos são muito prazerosos porque estimulam todo o canal vaginal e o clitóris. Já para os homens, proporcionam um prazer inesquecível, pois todo o pênis é estimulado como se estivesse recebendo uma massagem local.

Figura 10.6 – Sexta manobra – Guilhotina, pulsar

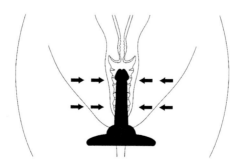

Fonte: Dell' Antônio; Pretti (2021)

10.1.7 Sétima manobra – Agarrar, travar

Nessa manobra, a mulher deve contrair com força os músculos íntimos e manter a pressão em todo o pênis dentro da vagina. Esse movimento impede ou trava a saída do pênis.

Contrair e manter a contração por vários segundos com o pênis dentro do canal vaginal, podendo ser realizado pelo máximo de tempo possível.

Aqui, a mulher tem o controle da situação, permitindo a saída do pênis somente quando ela quiser. Controle que muitas gostam!

Os homens sentem muito prazer nessa manobra, pois os músculos vaginais pressionam todo o pênis, promovendo sensações prazerosas e intensificando o orgasmo.

Para elas, ajuda no prazer devido ao aumento da sensação nas paredes vaginais, facilitando o orgasmo, além do controle muscular e da situação.

Figura 10.7 – Sétima manobra – Agarrar, travar

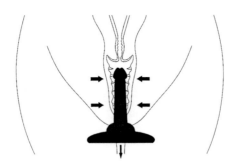

Fonte: Dell' Antônio; Pretti (2021)

10.1.8 Oitava manobra – Expulsar

Nessa manobra, a mulher expele ou "expulsa" o pênis do interior da vagina, mantendo o controle sexual.

Muitas mulheres gostam da sensação de "poder" que essa manobra lhes dá, afinal ela expulsa o pênis do seu canal vaginal quando ela quer.

Figura 10.8 – Oitava manobra – Expulsar

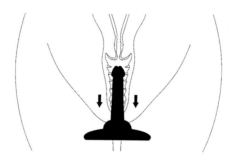

Fonte: Dell' Antônio; Pretti (2021)

Recomendo cuidado na prática dessa manobra, visto que ela é um pouco perigosa para quem tem prolapso (queda de órgão pélvico). Ela pode prejudicar os músculos íntimos em vez de fortalecê-los, pois durante a sua prática a mulher deve forçar seus músculos para baixo, ou seja, empurrar o pênis para sair do canal vaginal.

Esse movimento de expulsar, quando realizado com frequência, pode enfraquecer os músculos íntimos, principalmente nas mulheres que realizam movimentos semelhantes em suas atividades diárias ou defecatórias.

Por isso, não há exercício neste livro para treinar especificamente essa manobra.

> *Leitora, essas manobras são utilizadas pelas mulheres que seguem a linha do pompoarismo tradicional, mas não têm relação com a saúde íntima. O objetivo é apenas a performance durante as práticas sexuais.*
> *O treino e a realização dessas manobras dependem da vontade de cada mulher, não sendo obrigatórias para a saúde íntima e para a sexualidade.*

Com os exercícios dos capítulos 08 e 09, você adquirirá o domínio e a capacidade de realizar essas manobras do pompoarismo tradicional. Mas se você não deseja realizá-las não se preocupe, pois com os exercícios praticados neste livro você desenvolverá força muscular, saúde local e muito prazer na intimidade.

Os movimentos realizados nas manobras do pompoarismo tradicional podem e devem ser modificados para que você progrida no treino e de acordo com a preferência do instrutor e/ou capacidade da praticante, tornando-os mais complexos, difíceis e também mais prazerosos!

> *Estimada leitora, são muitas as possibilidades que a mulher tem para realizar movimentos* íntimos diferenciados *durante as práticas sexuais, principalmente após o domínio dos exercícios ensinados neste livro e com o aprendizado das manobras aqui vistas. Que tal usar sua criatividade agora?*

Você já percebeu que os exercícios ensinados neste livro lhe capacitarão para realizar diferentes manobras básicas do pompoarismo tradicional. É uma construção de habilidades que podem conferir um diferencial nas práticas íntimas.

Como profissional da saúde, enfatizo a importância de a mulher manter seus músculos íntimos saudáveis para prevenir disfunções e lesões locais e, assim, adquirir uma vida íntima prazerosa e satisfatória.

Para concluir, gostaria de ressaltar a importância da realização dos exercícios com os músculos íntimos de modo contínuo e frequente, mas sem exageros!

> *A* performance *é uma consequência ou uma escolha, não uma obrigatoriedade.*
> *A transformação na sua vida íntima começa pela sua saúde emocional e física. Com isso, o prazer será inevitável.*
> *Você quer transformar sua vida íntima? Se a resposta for sim, inicie as mudanças começando por você!*

Capítulo 11

A TRANSFORMAÇÃO ÍNTIMA

A mulher que cuida do períneo e realiza os exercícios íntimos com frequência, com certeza observa uma mudança muito grande em sua vida íntima, em sua sexualidade, em seu prazer e em sua satisfação sexual, além do aumento da autoestima e da saúde local.

Cuidar do períneo inclui cuidar da higiene local, tratar os problemas de saúde íntima e da região pélvica, além de manter seus músculos íntimos saudáveis, os famosos MAP.

Quando os músculos estão saudáveis, há uma melhora na circulação e na inervação do local, bem como da capacidade de contração e de relaxamento, da sensibilidade e da adaptação do canal vaginal durante as práticas sexuais. Esses benefícios também são observados no clitóris feminino, com a intensificação do prazer.

A proposta deste livro não é estimular a mulher a ser uma "*expert*" na cama, realizando *shows* e manobras em suas práticas sexuais, mas estimulá-la a ter uma vida sexual saudável e feliz.

Minha intenção é que a mulher conheça seu corpo e como sente prazer, e se preocupe com isso, e não focar em proporcionar prazer para a outra pessoa, como fomos "educadas" pela sociedade, de que é isso que faz a mulher ser "boa de cama". Não!

A mulher se torna especial quando respeita suas vontades, seu corpo e seu prazer.

Meu objetivo com este livro é mostrar às pessoas a importância de manter os músculos íntimos saudáveis da mesma forma como se preocupam com o corpo externo. Muitas mulheres frequentam academias, praticam pilates, realizam caminhadas e outras atividades físicas. Da mesma forma que praticam essas atividades, elas precisam cuidar do seu períneo.

Lembre-se do que você já leu neste livro: não são todas as mulheres que conseguirão contrair de modo correto seus músculos íntimos. Por isso, muitas precisarão ter um acompanhamento de um fisioterapeuta pélvico para avaliar e reabilitar seus músculos íntimos antes de iniciar os treinos propostos neste livro. Só assim elas conseguirão realizar um programa de exercícios de modo correto, com resultados mais efetivos e desejados.

Algumas mulheres precisarão tratar doenças locais com o ginecologista ou com outro especialista da área médica. Outras precisarão de um acompanhamento psicológico ou com sexólogos para ajudar no processo de autoconhecimento, saúdes física e emocional e da transformação íntima que proponho neste livro.

Cada mulher tem um objetivo para sua vida íntima, bem como necessidades pessoais e expectativas nos relacionamentos sexuais. A conquista da saúde íntima e da desejada sexualidade saudável é uma busca constante, afinal envelhecemos e passamos por vários acontecimentos que podem alterar nosso emocional e nosso físico, interferindo na sexualidade.

A mulher que cuida da sua sexualidade é mais feliz na vida íntima, nas práticas sexuais e consigo mesma. Sua autoestima fica mais elevada e isso influencia seu comportamento nos relacionamentos, sejam eles pessoais ou profissionais.

A transformação íntima traz mais segurança para a mulher, tornando-a satisfeita e feliz sexualmente consigo mesma e em qualquer prática sexual. Com isso, ela pode fazer melhores escolhas e conquistar melhores relacionamentos na vida íntima e no geral.

> *Você percebe agora a importância de cuidar da sua saúde íntima? Não é só para melhorar o sexo em si, mas para melhorar todos os aspectos da sua vida!*

11.1 COMO REALIZAR A TRANSFORMAÇÃO ÍNTIMA

A transformação em sua vida íntima, em sua sexualidade, depende da sua transformação pessoal. É preciso que você queira mudar e que faça algo para isso.

Você precisa deixar de ser vítima e parar de reclamar ou de culpar sua parceria por sua infelicidade sexual. Você precisa ser a força, a busca e a realização. Só assim conseguirá atingir seus objetivos, mudar seus hábitos e pensamentos e melhorar seus músculos íntimos para adquirir saúde e prazer.

Mas lembre-se, para você melhorar sua sexualidade não basta fortalecer seus músculos íntimos. Você também precisa fortalecer sua autoestima, seu autoconhecimento, suas atitudes e seus gostos em sua vida íntima.

Algumas atitudes benéficas nessa transformação se iniciam pela prática regular de atividade física, dos exercícios pélvicos, de uma mudança na alimentação, do controle do peso corporal e da saúde em geral.

Mudanças no relacionamento ajudam muito a mulher e o casal, aproximando-os e aumentando a intimidade entre eles, o diálogo sobre sexo e gostos, os momentos a dois, os beijos e os abraços constantes e, principalmente, mudando hábitos sexuais.

Estimada leitora, o casal precisa mudar os hábitos e os estímulos sexuais com frequência, descobrir e redescobrir os gostos sexuais e usar a criatividade nas práticas íntimas. A realização das preliminares com "bons estímulos" é essencial para o prazer e para a satisfação da mulher e do casal.

A transformação íntima pode ocorrer em qualquer idade, não depende de estado civil ou da escolaridade, mas sim de atitudes. O equilíbrio entre o emocional e o físico é necessário para a mulher sentir prazer e, com o tempo e com as experiências, sentir o orgasmo.

Convido você a iniciar sua transformação íntima agora!

Eu, Fabiane Dell' Antônio, desejo a você uma vida íntima com muita saúde, sabedoria para conquistá-la e mantê-la e, por fim, que você seja muito feliz com sua transformação íntima!

Este livro foi escrito pela fisioterapeuta Fabiane Dell` Antônio CREFITO 22.329-F.

Suas titulações:
Mestrado em Ciência da Saúde Humana (UnC-SC).

Especializações:
Neuropsicologia e Aprendizado (PUC-PR).
Fisioterapia em Uroginecologia (CBES-PR).
Sexualidade Humana (USP-SP).

Redes sociais: Instagram, Fanpage, Linkedin e Youtube – @fabianedell

BIBLIOGRAFIA CONSULTADA

ABDO, C. **Descobrimento sexual do Brasil**. São Paulo: Summus, 2004.

ALJURAIFANI, R; STAFFORD, R. E.; HALL, L. M.; HODGES, P. W.
Activity of deep and superficial pelvic floor muscles in women in response to different verbal instructions: a preliminary investigation using a novel electromyography electrode. **J Sex. Med.**, [s. l.], v. 16, p. 673-679, 2019.

AMI, N. B.; DAR, G. What is the most effective verbal instruction for correctly contracting the pelvic floor muscles? **Neurourology and Urodynamics**, Israel, v. 37, p. 2.904-2.910, 2018.

ARAÚJO, S. E. A. *et al*. **Disfunções do assoalho pélvico**. Rio de Janeiro: Atheneu, 2017.

BARACHO, E. **Fisioterapia aplicada à saúde da mulher**. 6. ed. Rio de Janeiro: Guanabara, 2018.

BERGHMANS, B; SELEME, M. The '5 F's concept for pelvic floor muscle training: from finding the pelvic floor to functional use. **J Women's Health**, Holanda, v. 3, n. 2, p. 142-145, dec. 2020.

BØ, K.; BEGHMANS, B; MØRKVED, S; VAN KAMPEN, M. **Evidence-Based Physical Therapy for the Pelvic Floor**. 3. ed. [s. l.]: Elsevier, 2023.

BØ, K.; FRAWLEY, H. C.; HAYLEN, B. T.; ABRAMOV, Y.; ALMEIDA, F. G.; BERGHMANS, B. An International Urogynecological Association (IUGA)/International Continence Society (ICS) joint report on the terminology for the conservative and nonpharmacological management of female pelvic floor dysfunction. **Int Urogynecol J.**, [s. l.], v. 28, p. 191-213, 2016.

CAMPADELLO, P.; COSTA, W. V. **Pompoarismo e tantrismo**: o prazer da arte sexual. São Paulo: Madras, 2004.

CARVALHO, C. R. F; TANAKA, C. **Fisioterapia na saúde da mulher**: teoria e prática. 1. ed. Rio de Janeiro: Guanabara, 2011.

DELL`ANTÔNIO, F. **Guia prático de Pompoarismo**. São Paulo: Hot Flowers, 2019.

DIEHL, A.; VIEIRA, D. L. **Sexualidade do prazer ao sofrer**. 2. ed. Rio de Janeiro: Roca, 2017.

FREITAS, L. M.; BØ, K.; FERNANDES, A. C. N. L.; DUARTE, N. B.; FERREIRA, C. H. J. Pelvic floor Pelvic floor muscle knowledge and relationship with muscle strength in Brazilian women: a cross-sectional study. **International Urogynecology Journal**, Brasil, v. 30, p. 1903-1909, 2019.

GIRÃO, M. J. B. C. *et al.* **Tratado de uroginecologia e disfunções do assoalho pélvico**. 1. ed. São Paulo: Manole, 2015.

KADOSH, C.; IMAGUIRE, C. **Pompoarismo**: o caminho do prazer. 37. ed. Curitiba: Eden, 2014.

LATORRE, G; FRAGA, R; SELEME, M; MUELLER, C; BERGHMANS, B. An ideal e-health system for pelvic floor muscle training adherence: Systematic review. **Neurourology and Urodynamics**, Brasil, v. 38, p. 63-80, 2019.

LATORRE, G. **Quais as vantagens de treinar a MAP com os cones vaginais**. Disponível em: www.perineo.net. Acesso em: 3 nov. 2022.

NUNES, A. C. S.; LEMOS, C. I. L.; ARAÚJO, N. S.; NUNES, E. F. C.; RODRIGUES, C. N. C. Physiotherapeutic approach in genito-pelvic pain/penetration disorder. **MTP & Rehab Journal**, Brasil, v. 17, p. 707, 2019.

PÁDUA, D. **Prazer em conhecer**. São Paulo: Alaúde, 2011.

PALMA, P. C. R. *et al.* **Urofisioterapia**: aplicações clínicas das técnicas fisioterapêuticas nas disfunções miccionais e do assoalho pélvico. 2. ed. São Paulo: Personal Link Comunicações, 2014.

RODRIGUES, MP; PAIVA, LL; RAMOS, JGL; FERLA, L. Vibratory perineal stimulation for the treatment of female stress urinary incontinence: a systematic review. **Int Urogynecol J**, Brasil, v. 29, p. 555-562, 2018.

RULLO, J. E.; LORENZ, T.; ZIEGELMANN, M. J.; MEIHOFER, L.; HERBENICK, D.; FAUBION, S. S. Genital vibration for sexual function and enhancement: best practice recommendations for choosing and safely using a vibrator. **Sexual and Relationship Therapy**, USA, v. 7, p. 53, 6 jan. 2018. Disponível em: https://doi.org/10.1080/14681994.2017.1419558. Acesso em: ca. nov. 2022.

SANTOS, B. **Efeito agudo da massagem perineal associada a vibração na musculatura do assoalho pélvico em mulheres com dor gênito-pélvica/penetração e endometriose profunda**. 2019. TCC (Especialização de Fisioterapia em Ginecologia) – Departamento de Ginecologia da Universidade Federal de São Paulo, São Paulo, 2019. p. 34.

STANIA, M.; CHMIELEWSKA, D.; , KWAŚNA, K.; SMYKLA, A.; TARADAJ, J.; JURAS, G. **Bioelectrical activity of the pelvic floor muscles during synchronous whole-body vibration: a randomized controlled study**. BMC Urology, [*s. l.*], v. 15, p. 107, 2015.